目录

千字文

天地玄黄，宇宙洪荒[1]。日月盈昃，辰宿列张[2]。寒来暑往，秋收冬藏。闰余成岁，律吕调阳[3]。云腾致雨，露结为霜[4]。

【注释】

[1] 玄黄：指天地的颜色。玄，黑色，为天色。黄，黄色，为地色。宇：指上下四方的无限空间。宙：指古往今来的无限时间。洪荒：洪水泛滥，荒草丛生。指远古时代的蒙昧混沌景象。

[2] 盈：月圆。昃：太阳西斜。辰宿：天上的星辰。列张：陈列布散。

[3] 闰余成岁：农历一年与地球绕太阳运行一周的时间有一定的差数，所以每过几年人们就把累积的日差合成闰月，插入该年，成为闰年。律吕：古代音律将一个八度分为十二律，奇数各律叫“律”，偶数各律叫“吕”，为“六律”“六吕”，这十二律正好与十二月的阴阳变化相应。

[4] 腾：升起。致：导致，生成。

【译文】

天是黑色的，大地是黄色的，远古时代，广阔的天地处于一片混沌蒙昧之中。太阳东升西落，月亮圆了又缺，星辰布满了天空。一年之中四季循环，每年都会有寒冬的降临和暑夏的结束，秋天收割庄稼，冬天储藏粮食。人们开始懂得用闰月来弥补一年三百六十五天的不足，用六律六吕来测量天气的变化。云气在上升的过程中逐渐遇冷形成雨滴，夜里露水遇冷凝结成霜。

【赏析】

本节是全文的开篇，为我们讲述的是关于天文气象的常识。大地宇宙的起源，日月星辰的运行，春秋四季的更替，阴晴雨雪的变化，这一切都与人们的生活密切相关。几千年来，人们都在苦苦探索，然后从经验中寻找规律并加以总结，归纳出天地的运行规律和气候的变化。其中，历法的出现较其他文明出现的更早，说明了人类最先认识到日月星辰的运行对人类生活，尤其是农业生活的重要性。这同时反映出了在古代生产力水平低下的情况下，大自然的喜怒哀乐对于人们生活影响的巨大，靠天吃饭的时代，人类的命运全掌握在老天爷的手中，对天的无知等于对自身、对生命的不负责，所以，勤劳智慧的先民们很早便开始了对天的关注，他们开始尝试用人类微薄而又无限的力量去与天抗争，为人类的生存而战，为人类的幸福而战。

我国的历法从夏代就已经出现，所以又称之夏历，它是以月亮的运行周期来制定的历法，对古代农业生产有着重要的意义，到今天，我国的历法已形成阴阳合历，这也是中国所特有的。农历符合了中国的民俗，为农业生产提供了可靠的农时依据，公历又保证了我们与世界历法同步，这一阴阳合历的做法再一次显示了人类智慧的伟大。

金生丽水，玉出昆冈[1]。剑号巨阙，珠称夜光[2]。果珍李柰，菜重芥姜[3]。海咸河淡，鳞潜羽翔[4]。

【注释】

[1] 丽水：云南金沙江流入今云南丽江境内的一段称丽水，也叫丽江。淘丽江之沙可得金。玉：指和田玉。昆冈：昆仑山。昆仑山系的和田地区出产玉石。

[2] 巨阙：春秋时越王勾践的宝剑，锋利无比。夜光：即夜明珠。传说是南海鲸鱼的眼珠，夜里能发光。

[3] 柰：一种水果，果实比苹果小，俗称“花红”。芥：一种蔬菜，菜籽研磨可做调料。姜：即生姜，常用做烹调调料。

[4] 鳞：鱼类的总称。羽：鸟类的总称。

【译文】

黄金产在金沙江，美玉出自昆仑山。最锋利的宝剑名叫“巨阙”，最珍贵的明珠名叫“夜光”。水果里最美味的是李子和花红，蔬菜中最重要的是芥菜和生姜。海水是咸的，河水是淡的，鱼儿在水中游动，鸟儿在天空飞翔。

【赏析】

古人讲究敬天爱地，如果天是人类的父亲，那么地就是人类的母亲，她为人类奉献出无数的宝藏，矿物中的奇珍，植物中的异种，动物中的稀贵，都曾令我们惊喜；海洋中的特产，森林中的名禽，河流中的美味，都曾让我们倾心。所谓的美丽富饶、物华天宝、地大物博、巧夺天工等美好的词语都是用来赞美大地母亲对人类的贡献，她养育了世世代代的儿女，用她的血液滋润着大地上的一切生灵。大地上的奇珍异宝不计其数，文中列举的只是个别种类，由此展开下去，更是数不胜数。

这些物品既是大自然对人类的奉献，同时也是人类不断改造自然文明的结晶。人类社会能够发展至今日的文明水平，除了上天的恩赐，作为改造自然的主体的人，其所付出的也并不是单凭语言就能表达出来的。但是今天，许多的稀有物种濒临灭绝，作为万物灵长的人类，作为改造自然的主体，我们是否也该为此承担自己的一分责任呢？

龙师火帝，鸟官人皇[1]。始制文字，乃服衣裳[2]。推位让国，有虞陶唐[3]。吊民伐罪，周发殷汤[4]。坐朝问道，垂拱平章[5]。

【注释】

[1] 龙师：即伏羲氏。相传他以龙为官员称号。火帝：即炎帝，燧人氏，传说他教民钻木取火，故称“火帝”。鸟官：黄帝的儿子少昊氏用鸟给百官命名，称为“鸟官”。人皇：传说中远古部落的酋长，与天皇、地皇合称三皇。

[2] 始：开始。传说原始的文字是由仓颉创造的。服：穿。衣：上衣。裳：指裙子。上古人们披兽皮、树叶，传说黄帝妻子嫘祖教人们养蚕取丝织布，人们才穿上衣服。

[3] 推位：上古时代实行的将帝位传让给贤能之人的做法。有虞：即舜，史称有虞氏。陶唐：即尧。传说中五帝之一。

[4] 吊：慰劳，安抚。周发：周武王姬发，灭商纣王建立周王朝。殷汤：成汤，也名商汤，商朝开国君主。

[5] 问：询问，探讨。垂拱：垂衣拱手，意为颂扬君主的无为而治。平（pián）：辨别。章：通“彰”，彰明，显著。

【译文】

伏羲氏、燧人氏、少昊氏和人皇，他们都是上古时代贤能有名的人物。仓颉创造了文字，嫘祖教人养蚕取丝，人们才穿上了衣裳。唐尧、虞舜英明无私，主动把君位禅让给贤能之人。安抚苦难百姓，讨伐暴君商纣和夏桀的，是周武王姬发和商王成汤。贤明的君主端坐朝廷，与贤臣商讨治国之道，不用费多大力气，就把国家治理得国泰民安，天下太平。

周武王

【赏析】

在古代，天、地、人被称为“三才”，在前二篇谈完天，说完地之后，这一篇自然讲到了人，并且是人才。人才自然以圣人为代表，从史籍中我们已经了解到距今上万年前的原始社会时期，曾有过伏羲氏和神农氏炎帝，后来又有了轩辕氏黄帝，以及尧、舜、禹等，他们曾发明或制定过许多东西，如八卦、文字、农业、国家制度等。但是，从原始社会后期到第一个奴隶社会国家夏朝的建立的这段历史，至今一直没有具体的、确切的材料来证明那时人们的生活状况及国家机构组成等是怎样的，只能知道大概。所以说，文中的龙师、火帝、鸟官、人皇也都是后人的猜测。商朝的历史，有甲骨文和青铜器为我们提供了实物证明，到了周代后期，即东周时期，历史阶段才有了确切的记载，我们才知道有武王伐纣的事。不论那段不清的历史中那些人物是否真实存在，他们对于史学家、对于考古学家而言都是重要的，并且，对于普通人来说，对于许许多多需要精神食粮的人来说，他们也是鲜活的，他们的事迹是生动而感人的，因为他们早已如天神一般驻在人们的心里。

爱育黎首，臣伏戎羌[1]。遐迩一体，率宾归王[2]。鸣凤在竹，白驹食场[3]。化被草木，赖及万方[4]。

【注释】

[1]黎首：指黎民百姓。上古时平民百姓头部多包黑头巾，故称百姓为黎首。黎：黑色的。戎羌：戎族和羌族，我国古代西部的两个少数民族，这里泛指四方各族。臣伏：使……俯首称臣。

［2］遐：远。迩：近。率：指全部、全都。宾：臣服。归：归附，顺从。

［3］凤：凤凰，传说中的吉祥之鸟，这里比喻贤才。驹：小马。

［4］化：指大自然生长养育万物，这里比喻君主施仁政。被：遍及。赖：利益，恩惠，恩泽。

【译文】

他们爱护和养育百姓，使四方少数民族纷纷俯首称臣。普天之下，无论远近都统一成一个整体，所有的老百姓都心甘情愿地臣服于贤明的君王。凤凰在竹林中欢快地鸣叫，小白马在草场上自由地吃着嫩草。圣君贤王的仁德之治使草木都沾受了恩惠，天子的恩泽施及天下的每一个地方。

【赏析】

本节主要讲述的是周王的功绩，他以仁爱治国，爱育万民，从而使天下臣服，万民景仰，周边如戎、羌等少数民族，也都归周王朝统治。后面四句是赞美周王的颂词，说他的恩泽如风吹草木、雨洒原野地一般。这些赞美不免有些夸大之辞。西周是先秦儒家们最以向往的时代，但周代的一些制度并不全是当时实施过的，而是战国时期的儒士们整理时加的一些想象的内容。就像孔子提倡的周礼，是否周代的人都向他所说的那样有礼有节，我们谁也说不清楚，就是战国时的那些诸侯霸主们也没有人相信那一套，所以孔子周游列国最后以失败告终。因此，在这里我们可以将这些美好的言行和品德理解为一种人们对于美好品性的渴求和向往，把那种虚构的社会制度理解为人们对于理想社会的一种追求。

盖此身发，四大五常[1]。恭惟鞠养，岂敢毁伤[2]。女慕贞洁，男效才良[3]。知过必改，得能莫忘[4]。罔谈彼短，靡恃己长[5]。信使可覆，器欲难量[6]。墨悲丝染，《诗》赞羔羊[7]。

【注释】

［1］盖：句首语气词，没有实在意义。四大：指佛家所说的地、水、火、风，古人认为一切事物、道理均来源于这四种物质。五常：指儒家规

定的五种做人原则——仁、义、礼、智、信。

［2］恭惟：谦词，相当于“敬思”“窃意”等。鞠养：养育。

［3］慕：向往，追求。效：效法、学习。才良：有才能的人。

［4］得能：学到某种知识技能。

［5］罔：不要。彼：他人。靡：不要。恃：凭借，依仗。

［6］信：诚实的话。覆：审查，考察，验证。器：器量，度量，心胸。使、欲：要，让。

［7］墨：即墨子，春秋战国之际的思想家，墨家学派创始人。他看到白丝被染成各种颜色而哭泣，联想到人极易受不良环境的影响。《诗》：《诗经》。这里指《诗·召南·羔羊》里曾以赞美羔羊毛色纯一不杂来比喻君子品德高洁。

【译文】

人的身体、头发、皮肤由地、水、火、风四种物质构成，人的言行以仁、义、礼、智、信五种道德行为为准则。想到自己的身体是父母生育抚养的，怎么敢随意毁坏伤害呢？女人要仰慕仿效那些贤惠贞洁的女子，男人要效法学习那些德才兼备的贤人。认识到自己有过错一定要改正，学到了某种知识技能千万不要遗忘。不要谈论别人的短处，也不要依仗自己有长处就不思进取。诚实的话要经得起验证，心胸要宽阔得让人难以度量。墨子悲叹洁白的蚕丝被染成各种各样的颜色，《诗经》的《羔羊》篇赞美君子的品德如同羔羊的毛色一般洁白无瑕。

【赏析】

本节主要讲述的是作为人，应该惜身自律。我们每个人的生命都是父母给的，所以古人说“身体发肤，受之父母，不敢毁伤”，要求人们要加倍珍惜自己的身体，这也是一种尽孝的表现。如果子女身体一旦受伤，父母必定要为之担心操劳，孝顺的孩子永远都不会做让父母担心的事。但是，光有健康的身体还不足以让父母放心，还必须具有良好的品德，良好的品德是事业成功的基础，而成就一番事业是每一位父母对子女的共同希望，因此，良好的品德不论是在对个人发展方面还是对父母尽孝方面都是必不可少的。

古人认为，品德最基本的标准就是仁、义、礼、智、信，它包括了与各种不同的人交往的行为准则，是每个人都应该做到的。封建社会对女子最高评价是能保持自身的纯洁，对男子最高的评价是要有知识、有才干、品行端正，“学而优则仕”就是说男子的事业追求。这些在今天看来，或许有许多愚昧或是迂腐的味道，但是，我们却也可以从中吸取优良的成分，不论是女子还是男子，都要有学问、有品德，唯有这样才能自立、自强，才能做出自己的一番事业。

景行维贤，克念作圣[1]。德建名立，形端表正[2]。空谷传声，虚堂习听[3]。祸因恶积，福缘善庆[4]。尽璧非宝，寸阴是竞[5]。

【注释】

[1] 景行：大路。指高尚的品德行为。景，景仰，仰慕。克：克制。念：私念，私欲。

[2] 建：养成，培育。立：树立，确立。形：指言行举止。表：仪表风度。正：规矩、严肃的样子。

[3] 空谷：空旷的山谷。虚堂：高大空旷的厅堂。习听：重复地听到，即回声。习，反复。

[4] 缘：凭借。庆：奖赏，回报。

[5] 尺璧：直径一尺的美玉。璧，美玉。寸阴：短暂的时间。竞：争取，珍惜。

【译文】

行为光明正大，才能成为贤人，要克制私心杂念以成圣人。建立起崇高的德行，自然就会树立良好的名声；言行举止力求端庄，仪表风度自然也就端正了。在空旷的山谷里呼喊，声音会传得很远；在空荡的厅堂里说话，就会有连绵不绝的回声。灾祸往往是因为坏事做得太多积累而成的，福分也许是由于好善乐施而得到的回报。直径一尺的美玉算不上什么宝物，只有一分一秒的时间才是值得珍惜和争取的。

【赏析】

本节主要讲述的是人应当以建德立名为目标。人生修养的内容是很丰富的，除了基本的品质之外，人还要有更高的精神追求。因此，古代人不是学儒，便是学道、学佛，因为学业有成已经不是这类学习者唯一追求的东西，他们往往向往更高、更远的境界，渴望修得更高尚的品德，更宽广的胸怀。向谁学习呢？古代圣贤们成了他们的偶像与楷模，他们平时的一言一行都以圣贤们的言行作为标准，不断省察改正自身的不足与缺点。圣贤们的行为不仅合乎于礼仪，他们的内心更能克制私欲，这种内心与外形兼修的境界正是每一个渴望修有所得的人渴望达到的，因此，我们必须首先要学习这两个方面。只有这样，我们才能成为一个品德高尚的人。

这段文字后两句是告诫大家的箴言，教世人要积善积德，莫要作恶，因为因果循环，种善因必定得善果，反之亦然。同时，作者还劝告世人要珍惜时间，切莫让光阴虚度，“一寸光阴一寸金，寸金难买寸光阴”是亘古不变的道理。

资父事君，曰严与敬[1]。孝当竭力，忠则尽命[2]。临深履薄，夙兴温凊[3]。似兰斯馨，如松之盛[4]。川流不息，渊澄取映[5]。容止若思，言辞安定[6]。

【注释】

[1] 资：供奉，供养。事：侍奉。严：严肃，恭谨。敬：态度谦和有礼。

[2] 尽命：献出生命。

[3] 临：接近。履：鞋，这里是指踏踩的意思。夙兴：夙，早上；兴，起。温凊：“冬温夏凊”的略写。凊：凉。

[4] 兰：香草。斯：这样。馨：清香。盛：茂盛。

[5] 川流：河流。息：停止。渊：深潭。澄：清澈。映：映照。

[6] 容止；仪容举止。若思：好像在思考，即沉静安祥。安定：沉稳持重。

【译文】

奉养父母，侍奉君主，要严肃而恭敬。孝顺父母应当竭尽全力，效忠君主要不惜献出生命。侍奉君主应该如同站在深渊边缘、走在薄冰上面那样小心谨慎；侍候父母则要早起晚睡，让他们冬天感到温暖，夏天享受凉爽。培养自己的德行要像兰花一样的芳香四溢，像松柏一样四季常青。德行延及子孙，要像河水一样日夜流个不停；为人影响后世，像潭水那样清澈照人。仪容举止要沉静安祥，言语对答要从容稳重。

【赏析】

每个人都有自己的责任，不管是对家庭的还是对社会的，特别是成年后或身处要职时，他们的一言一行更应倍加谨慎。古代男子二十岁就要举行成人礼，青少年参加各种社交活动，是要对家庭尽成人的责任，履行子女的义务，对社会和国家要做到能遵守法律和社会道德规范。

古人认为对父母尽孝是最重要的品行，所谓“百行孝为先”，不但个人提倡，国家也提倡，许多皇帝都曾以孝治国。孝是忠的基础，在家中对父母不孝的人，很难说他会对国家尽忠。这段文字还对人们的行为举止做了概括性的指导，要求人们在尽忠尽孝时都要做到小心谨慎，无微不至，而且要能长期坚持下去，内心不存在一点杂念，像兰花之香、潭水之清、江河之长、松柏之盛。这是一般人很难做到的，同时也是作为一种理想人格要求提出来的。只有当一个人处在这种理想的思想境界时，他的心才是纯净的，没有个人的私欲，他的行为举止、语言谈吐，会呈现一种安祥从容的样子，这是古人最为赞赏的风度。

笃初诚美，慎终宜令[1]。荣业所基，籍甚无竟[2]。学优登仕，摄职从政[3]。存以甘棠，去而益咏[4]。

【注释】

[1] 笃初：良好的开端。笃：专注，真诚，引申为良好。初：开始，起始。慎终：以谨慎的态度对待结束。宜令：应当美好。令：美好。

［2］荣业：光荣显赫的事业。籍甚：盛大，传扬。无竟：没有止境。

［3］优：宽裕。指胜任，轻松，行有余力。登：做官。摄：执掌。从政：处理政务。

［4］甘棠：棠梨树。相传周初召公巡行南方，曾在棠梨树下理政，后人感念他的仁德，珍爱此树而不忍砍伐，并做《甘棠》诗加以赞美。咏：赞美，赞颂。

【译文】

良好的开端固然很好，若能始终如一，坚持到最后就更好了。这是成就一生大事业的基础，有此根基，发展就没有止境。读书读好了就可以做官，做了官就可以行使职权参与国家的治理。做官要讲德政，要像召公那样爱戴百姓，体察民情。他曾在甘棠树下处理政务，他去世后百姓们舍不得砍伐那棵甘棠树，并作诗赞美他，更加地怀念他。

【赏析】

本节主要论述了一些做事的原则。一件事情的开始要做到十分完善很重要，要把事情从始至终都做得完美无缺，则是非常困难的。特别是一些需要长时间坚持不懈地努力去完成的事，往往会因末了的松懈而功亏一篑，还有的事会出现虎头蛇尾和有头无尾的现象。刚开始时，看起来势不可挡，到了中间就没戏了，这是我们做事、做人所忌讳的。善始善终是做好事情的高要求，也是一个起码的要求，它考验的不仅仅是一个人的行为，更包括一个人的品格。

孔子曾说过："学而优则仕。"学习好的人就有可能做官，而做了官之后，要不贪图名利私欲，要为民造福、为政一方，这才是受百姓爱戴的父母官。古人给为民谋利的人树碑，不仅仅是对他们的纪念与缅怀，更重要的是希望将他们这种为国分忧、为民请命的精神在社会中发扬光大，在历史中永久传承，使我们世世代代都有人在这种精神的鼓舞下成长为时代的英雄。

乐殊贵贱，礼别尊卑[1]。上和下睦，夫唱妇随[2]。外受傅训，入奉母仪[3]。诸姑伯叔，犹子比儿[4]。孔怀兄弟，同气连枝[5]。交友投分，切磨箴规[6]。

【注释】

[1]乐殊：音乐差异，上古时乐器有贵贱之分。殊：差别。礼：礼节，礼仪。

[2]上：尊贵者或长辈。下：卑贱者或晚辈。夫唱妇随：比喻夫妻互相配合，行动一致。也指夫妻和睦。唱，也作“倡”，倡导。

[3]傅：老师，师傅。仪：表率、行为规范。

[4]诸：各位。犹子：兄弟之子，侄儿。犹：如同。

[5]孔怀：指非常想念，后也从孔怀代指兄弟。孔，甚。怀，思念。同气：同承受父母之气。

[6]投分：志向、趣味相投。切磨：切磋研讨。箴规：劝戒勉励。

【译文】

音乐的使用要根据身分的贵贱而有所区别，礼仪的确定也要因地位的尊卑而有所不同。上下关系要和睦亲近，夫妻之间要一唱一随、协调和谐。在外接受师傅的教诲，在家遵守母亲定的规矩。对待自己的姑姑、伯伯、叔叔时，做侄子、侄女的要像他们的亲生子女一样孝顺。兄弟之间要相互关爱，因为同受父母之精血，气息相通，血脉相连，犹如树木一样同根连枝。交朋友要志趣相投，在学问上能够互相切磋，在品德上能够互相劝勉。

孟子

【赏析】

本节主要讲述的是亲友之间相处应遵循的原则或礼仪。古人讲究上下尊卑，父母之尊、夫妻之和，都是为了维护社会和家庭的安定平稳。所以君主、父亲、丈夫都具有一种无形的威严，相对的臣子、子女、妻子都必须服从，这其中虽带有一定的封建伦理思想，但其中的幼尊长、小敬大等观念在今天仍是我们应该遵从的。

尊重、孝顺父母是做子女的基本道德和义务。扩大到整个家庭，对长辈的敬重和对下辈的爱抚，都要做到同亲生，这是一种博爱的精神，是古代孔孟圣贤们最崇尚的品德之一。孟子说：“老吾老，以及人之老，幼吾幼，以及人之幼。”就是宣扬这种博大的爱心。

我们结交朋友，要找志趣相投的人，这就能在彼此的交往中互相提高。好友之间的交往，不能只停留在谈天说地上，还要探讨学习、互相在思想品德上进行帮助，指出对方的不足，及时帮助朋友克服缺点，这种友情才是一种无私的友情，才是友谊的真谛。

仁慈隐恻，造次弗离[1]。节义廉退，颠沛匪亏[2]。性静情逸，心动神疲[3]。守真志满，逐物意移[4]。坚持雅操，好爵自縻[5]。

【注释】

［1］隐：怜悯。恻：悲伤。两字连用，通常为“恻隐”，即指同情心。造次：仓促、匆忙。弗：不。

［2］退：谦让。颠沛：困顿、受挫折。匪亏：不可缺失。匪，不。

［3］性：指“仁、义、礼、智、信”等道德规范，都坚守不移，称为“性静”。逸：安乐、闲适。心动：心为外物所动。

［4］守真：保持本来面目。真，天生的善性。逐物：追求身外之物。物，外界的物质享受。

［5］雅：高尚，完美。操：德行，操守。好爵：高官厚禄。縻：牵系、束缚。

【译文】

仁义、慈爱、对人的恻隐之心，在任何仓促、危急的情况下都不能抛弃。节操、正义、廉洁、谦让这些美德，在最穷困潦倒的时候也不能丢弃。性情沉静心情就会安逸，内心躁动精神就会疲乏。保持住自己纯真的本性，内心就会得到充实；追逐身外的物质享受，意志就会转移改变。坚持高尚的节操，高官厚禄自然就会属于你。

【赏析】

本节讲的是修身养性的问题。在古人看来，就是行为符合仁、义、礼、智、信等道德标准。根据儒家“性本善”的思想，人只要保持其天性不受世俗之物欲的干扰，自然能具有美好的品德。做法就是保持纯真善良的本性并使其不断扩大，大到慈爱、友爱，细到具有怜悯、同情之心，从而使内在的爱人之心表达于外在，即使自己的行为表现得有节操，有正气。做人真诚友善、关爱他人，做官两袖清风，为民请命，“穷则独善其身，达则兼济天下”是古人为我们描绘的修身之道。

然而，思想是行为的指导，行为是思想的示范。

良好的修养不仅仅表现在行为上，更需要我们将其深植内心，让它成为人的本能，即一种不可磨灭的天性。在遇到危难、受到挫折时，在信心倍受打击时都不要丧失修养。所谓“真正的英雄可能被打败，但绝不可能被打倒”，这是一种多么可贵的精神啊！同时在日常生活中，我们要保持自然的天性，坚守高雅的操行，不要让自己被不良的东西所引诱。也就是说要严格要求自己，自觉地提高思想觉悟，抵制不良的行为，不为名利动摇，不去追逐物质享受，否则就会泯灭天性，动摇意志，最终堕落。

都邑华夏，东西二京[1]。背邙面洛，浮渭据泾[2]。宫殿盘郁，楼观飞惊[3]。图写禽兽，画彩仙灵[4]。丙舍傍启，甲帐对楹[5]。肆筵设席，鼓瑟吹笙[6]。升阶纳陛，弁转疑星[7]。右通广内，左达承明[8]。既集坟典，亦聚群英[9]。杜稿钟隶，漆书壁经[10]。

【注释】

［1］都邑：都城。华夏：我国古代对中原地区的称呼。东西二京：西汉的都城长安，史称西京；东汉的都城洛阳，史称东京，两处合称为“东西二京”。

［2］邙：邙山，在今河南省西部。面：临着。洛：洛水。浮渭：指长安城如同建在渭水之上。浮，泛。渭，渭水。据：依傍。泾：泾水。

［3］盘：盘旋曲折的样子。郁：重叠繁多的样子。观：宫廷中高大华丽的楼台，也泛指殿宇。飞惊：高得像飞起一样，让人心惊。

［4］禽兽：飞禽走兽。仙灵：仙人、神灵。

［5］丙舍：宫中的配殿，一般为嫔妃居住。傍：旁边，侧面。启：打开。甲帐：皇帝居住的帐幕。汉武帝时，曾用甲、乙等天干数字编次排列帐幕。楹：殿堂的前柱。

［6］肆、设：陈列，摆设。筵：宴席。鼓：弹奏。瑟：一种弦乐器，有二十五根弦。笙：一种管乐器，一般有十三支管。

［7］纳：进入。陛：殿前台阶。弁：古代男子戴的帽子，这里指官帽，常有珠玉装饰。

［8］广内：汉宫殿名，用以藏书。泛指帝王书库。承明：汉宫殿名，朝臣休息的处所。

［9］集：聚集，汇集。坟典：《三坟》《五典》的并称，传说是记载三皇五帝事迹的书。后来成为古代典籍的通称。

［10］杜稿：汉朝杜度的草书手稿，唐人称其为“神品”。钟隶：三国时书法家钟繇的隶书。漆书：漆写在竹简上的书。壁经：西汉鲁恭王在孔庙壁中发现的经书。

【译文】

中国古代的都城，有东京洛阳和西京长安。东京洛阳背靠邙山，面临洛水；西京长安左跨渭水，右依泾水。宫殿曲折盘旋，重重叠叠，楼台凌空欲飞，使人心惊。二京的宫殿里画有飞禽走兽，还有彩绘的神仙灵怪。正殿两旁的偏殿从旁边开启，豪华的帷帐与堂前的楹柱相对。宫廷里摆设着丰盛的宴席，乐队弹击琴瑟、吹奏笙管，演奏出美妙的音乐。登上台阶进入殿堂的文武百官们珠帽攒动，好像是满天的星星。向右可以通往用以藏书的广内殿，向左可以到达朝臣休息的承明殿。这里既收藏了各种典籍名著，也汇集着许多的文武英才。藏书殿里收藏着杜度草书的手稿和钟繇隶书的真迹，还藏有漆写的古籍和孔庙墙壁中发现的经书。

【赏析】

本节主要论述的是都城及宫殿的繁华。长安、洛阳在古代被称之为东西二京，是历史上最为有名的两个都城。华夏之初，国家幅员较小，周王

朝建都最先在陕西的丰、镐，就是今天的长安西边，把洛阳作为陪都，后来东周迁都至洛阳，这样才分出西京、东京。到汉代时，也先后在这两地建都，史称西京和东京。都城的皇宫，是皇帝问政、百官上朝的地方，为了充分表现皇室的威严和气派、体现国家的强大，皇宫都修得气势恢宏、金碧辉煌，楼外飞檐斗拱，屋内画栋雕梁，用最豪华的装潢来美化宫殿，收罗天下宝物在宫中，美轮美奂，极尽奢华。

古代宫殿是劳动人民的艺术结晶，从房间布局、外部造型、建筑结构，到室内装潢，无不凝聚着古代劳动者艺术的心血，令我们也不由得惊叹古代劳动人民巧夺天工的技艺。

府罗将相，路侠槐卿[1]。户封八县，家给千兵。高冠陪辇，驱毂振缨[2]。世禄侈富，车驾肥轻[3]。策功茂实，勒碑刻铭[4]。

【注释】

[1]罗：排列。侠：通“夹”。槐卿：指朝廷大臣。周代时天子在三公九卿前分列三槐九棘，后以此代指公卿大夫。

[2]冠：指官帽。辇：君王坐的车。驱毂：赶车。毂：车轮。这里指车。缨：官帽的系带。

[3]世禄：世代享用国家俸禄。侈富：豪富。肥轻：指肥马和轻暖的裘衣。

[4]策功：把功劳记入史册。茂实：品德盛美。勒：刻。铭：古代刻在器物或石碑上记载功德的文字。

【译文】

宫廷内将相依次排列两行，宫廷外大夫公卿夹道侍立。他们每家都有八县之广的封地，还有成千上百的家丁侍卫。大臣们戴着高高的帽子陪着皇帝乘车出行，车马驱驰，缨带飘扬，好不威风。大臣们的子孙世代享受优厚的俸禄，过着富裕奢侈的生活；他们坐着肥壮的骏马拉的豪华马车，穿着华美的轻暖裘衣，逍遥自在，春风得意。朝廷把他们的功德业绩载入史册，铭刻在石碑上，以流传百世。

【赏析】

本节主要描述了古代卿相功臣身显名扬后的荣耀。皇帝治理天下，离不开文武百官的辅佐。为了便于管理众多的官员，就必须把他们分出等级、分出职责，这样做事才能有条不紊。所以历代的官制是国家制度中最重要的一项内容。古代官员的官职和身份，是用车马和服饰来区别的。舆就是车马，服就是服饰，官越高，车就越华贵，拉车的马就越多，官员服饰就越精美，服饰上的图案或颜色也有所不同。刻碑一般指征讨敌人时立了战功的将帅，在战胜敌人的地方刻碑纪念，叙述战功，既有流芳百世之意，又有威慑敌国的作用。

磻溪伊尹，佐时阿衡[1]。奄宅曲阜，微旦孰营[2]。桓公匡合，济弱扶倾[3]。绮回汉惠，说感武丁[4]。俊乂密勿，多士寔宁[5]。

【注释】

[1]磻溪：姜太公吕尚垂钓的地方，这里指代姜太公。伊尹：商汤王辅臣，助汤王伐桀灭夏封为“阿衡”，后阿衡成为宰相的别称。

[2]奄：周初小国，在今山东曲阜东。微：没有。旦：即周公旦，周武王的弟弟。曾助武王伐纣。成王年幼时由他摄政。

[3]桓公：齐国君主，名小白。曾为春秋时霸王。匡合：纠合力量，匡定天下。济：救援。倾：倾覆。此处指将要被倾覆的国家。

[4]绮：绮里季，曾辅佐汉惠帝，打消高祖另立太子的念头。说：傅说。传说他曾在梦中感动商王武丁，后被拜为相。

[5]俊乂：才能出众的人。密勿：勤勉努力。寔：同“实”。

【译文】

磻溪的姜太公、商朝的伊尹，都是辅佐当时帝王建功立业的名相大臣。要是没有周公旦，谁又能辅佐周成王平定叛乱，夺取古奄国曲阜这个地方居住下来并且安定天下呢？齐桓公九次会合诸侯，匡定天下，出兵援助势力单薄的诸侯小国，扶持衰微的周王室。绮里季回朝挽救了汉惠帝被废黜的命运，商王武丁感梦而得贤相傅说，使商朝得以中兴。能人治政勤勉努力，正是靠这些贤士的出谋划策，国家才得以富强安宁。

【赏析】

姜太公

古代战争频繁，要夺得天下，成为霸主称王称帝，离不开功臣谋士的辅助，因为古代的皇帝是世袭的。做皇位的人并不是都有掌握天下、治理国家、统帅三军的能力，所以他们就极需要天下有才之士来效命。有文才的人来帮他治理天下，有武略的人来替他征战四方，有谋略的人来给他出谋划策，共商御国制敌的大计，唯有这样，他的帝位才能坐得稳，才能坐得久。即使是英明的君主，也离不开辅政的官员。皇帝只有广纳群言、善于纳谏，才能让天下归心，国家一统。

古代辅政的官员，忠诚者往往能够“先天下之忧而忧，后天下之乐而乐”“居庙堂之高则忧其民，处江湖之远则忧其君”，为皇帝分忧，为天下百姓担责，为国家之兴衰而劳心劳力。这是中国古代儒生的人生理想，亦是一代为官之人的职责，以天下为己任，表现出来就是忠心辅政，为国家昌盛而鞠躬尽瘁，死而后已。这些忠臣，不管他们辅佐的是明主还是昏君，他们赤胆忠心为国家竭尽全力的行为，表现了个人品格的完善。不为个人私利，而只为天下苍生，这种人格是在具有良好的品德修养的基础上才有的。因此，他们的事迹，被后人牢记，他们的人生追求，成为后世儒生们效仿的最佳榜样。

晋楚更霸，赵魏困横[1]。假途灭虢，践土会盟[2]。何遵约法，韩弊烦刑[3]。起翦颇牧，用军最精[4]。宣威沙漠，驰誉丹青[5]。

【注释】

[1] 更：交替。困：被困险境。横：连横。战国时张仪游说齐、楚、燕、赵、魏、韩六国服从秦国，称为“连横”。为此，秦国采取远交近攻之策，首先打击赵、魏、韩三国，使其被连横之策所困苦。

[2] 假：借。假途灭虢：公元前655年，晋国向虞国借道去伐虢国，晋灭虢后，还师途中又灭了虞国。践土：春秋时郑国地名，晋文公曾在此与诸侯会盟。

[3] 何：汉高祖丞相萧何，汉建立后，他废除秦朝刑法。韩：韩非，主张严刑治国。弊：通“毙”。烦刑：苛刻的刑法。

[4] 起：秦将白起，曾为秦昭王攻取七十余城。翦：秦将王翦，为秦始皇攻灭楚国，统一六国。颇：赵将廉颇，曾率军攻破齐国，抵御秦国。牧：赵将李牧，守卫赵国边境，抗击匈奴，抵抗秦军。

[5] 驰：留传。丹青：这里指史册。

【译文】

春秋时晋国和楚国相继成为诸侯中的霸主；战国时赵国和魏国被张仪的连横策略逼入困境。春秋时，晋国向虞国借道去灭虢国，灭虢后，回师途中又顺便灭了虞国；后来，晋文公在践土会盟诸侯，相约一同效命周王室，被推为诸侯盟主。萧何遵循简约刑法的原则，制定了法律；韩非主张用严厉的刑法治国，自己却死于酷刑之下。战国时期，秦国大将白起和王翦，赵国大将廉颇和李牧，用兵作战最为精通。他们的声威远传到沙漠边地，他们的美名被载入史册，流传后世。

萧何

【赏析】

本节表达了作者对古代名将的赞叹。战争是一门科学，也是一门艺术。它摧毁了不堪一击的陈旧事物，也破坏了许多人类的文明，给人类带来了解无数的苦难，同时也造就了无数的英雄，成就了许多名垂青史的军事将领。汉朝时抗击匈奴的名将李广、卫青，南宋抗金名将岳飞，明时抗倭寇的戚继光，等等。他们都是人们心目中的英雄，其身上闪耀的爱国光芒至今仍照耀着一代代保家卫国的战士们，他们是为民族的安定和谐而战，为千千万万人的平安而战。

文中选用了白起、王翦、廉颇、李牧为事例说明名将们的骁勇善战，战争是一把双刃剑，它既有杀伤人的恐惧，又有伸张正义的愉悦，在当时看来他们都是为正义而战的战神，但在今日看来功过是非还有待评析。混乱的春秋战国时期，在那硝烟四起的历史舞台上曾演绎了多少惊心动魄的战争故事，《孙子兵法》就是那个时代军事理论的结晶，至今仍被世界各国的军事家们奉为至宝，具有无限的生命力。孙子，被尊为兵圣，远比驰战疆场的将军们给人类留下的话题更多、更久。

九州禹迹，百郡秦并[1]。岳宗泰岱，禅主云亭[2]。雁门紫塞，鸡田赤城[3]。昆池碣石，巨野洞庭[4]。旷远绵邈，岩岫杳冥[5]。

【注释】

[1] 九州：中国古代分冀、豫、雍、扬、兖、徐、梁、青、荆九州。后“九州”泛指中国或天下。

[2] 岳：指五岳，即东岳泰山、西岳华山、南岳衡山、北岳恒山、中岳嵩山。宗：尊崇。泰岱：泰山。禅：在泰山下祭祀土地曰“禅”。云亭：泰山脚下的云山和亭山。

[3] 雁门：雁门关。紫塞：指长城，因土呈紫色而名。鸡田：古驿站名，在西北塞外。赤城：浙江天台山的一个山峰，因山石色红而名。

[4] 昆池：即昆明滇池。碣石：山名，在河北昌黎西北，登山可观渤海。巨野：古泽名，在山东巨野县，今已干涸。

[5] 旷：开阔。绵邈：遥远苍茫的样子。岫：山洞，这里指山。杳冥：深远幽暗。

【译文】

九州大地处处留有大禹治水的足迹，全国百郡都在秦并六国后归于统一。五岳之中最尊崇的是东岳泰山，古代帝王在泰山脚下的云山和亭山举行封禅大典。名关有北疆雁门关，要塞有万里长城，驿站有边地鸡田，奇石有天台赤城。西有昆明滇池风光秀美，北有碣石山登临以观沧海，东有巨野大泽秀丽无双，南有洞庭湖水碧波万顷。中国的土地幅员辽阔，旷远无边，名山奇谷高峻幽深，气象万千。

【赏析】

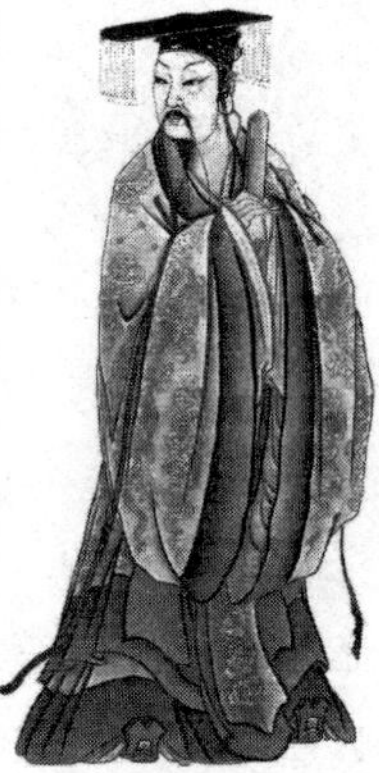

本节主要对神州大地的名胜古迹进行了概括性的描绘。中国的名胜古迹之多，世界少有。因为中国历史悠久，前代名人的足迹所至之处往往成为后人凭吊的遗迹。当年大禹治水，踏遍千山万水留下多少胜迹，但时间太久远了，已无从知晓，而今所见的只是后世的建筑。历代帝王、将相、诗人、才女，都为今天的好古者留下无数的古迹，大自然鬼斧神工，名山大川就是这些古迹的天然背景，让今日的人们流连忘返。

古代有古代的名胜，那些名胜是比他们更古的人们留下的，有的保留到了今天，仍然魅力无穷，有的则因各种原因而渐渐消失了。所以，当我们在游览古代胜迹的时候，当我们徜徉于名山大川的时候，不要忘了这些都是人类文明延续的成果，我们的爱心在这里要表现出来，热爱文明、热爱自然、热爱历史，这样我们的心胸就会变得更加纯洁、更加宽广和深沉。

治本于农，务兹稼穑[1]。俶载南亩，我艺黍稷[2]。税熟贡新，劝赏黜陟[3]。孟轲敦素，史鱼秉直[4]。庶几中庸，劳谦谨敕[5]。

【注释】

[1] 治本：解决问题的根本。务：致力。兹：这。稼穑：播种叫“稼”，收获叫“穑”。

[2] 俶：开始。载：从事。南亩：指田地。艺：种植。黍稷：小米和高粱，泛指百谷。

[3] 税、贡：交纳税粮。新：刚成熟的粮食。劝：勉励。黜陟：原指官员的降职和升迁，这里指处罚或奖励。

[4] 孟轲：即孟子。敦素：敦厚朴素。史鱼：春秋末卫国史官，名鳅，字子鱼，以正直著称。

［5］庶几：差不多，接近。中庸：儒家的一种主张，即处理事务采取不偏不倚，调和折中的态度。劳谦：勤劳，谦逊。敕：告诫。

【译文】

治国的根本在于搞好农业，要致力于播种收割的农业活动。春天到了，人们开始耕种农田，种植小米、高粱等农作物。庄稼成熟了要向官府纳税，把新粮贡给国家，官府奖赏和表彰那些庄稼种得好的农户，而对于种得不好的则要给予处罚。孟子崇尚敦厚质朴，子鱼坚持刚正不阿。为人处事要尽可能做到不偏不倚，遵循中庸之道，还要做到勤劳、谦虚、谨慎、自律。

【赏析】

中国是一个农业国家，自古朝廷都劝农耕，认为只有农业发展了，人们才会衣食富足，国家才会繁荣昌盛。中国人口众多，吃饭历来都是国家考虑的大事，抓住农业，就能使人民心有所安，国家运有所系，所谓“民以食为天，国以食为民”。当人没有饭吃的时候，什么都是空谈，什么都是梦幻泡影。因此，以农为本，重农轻商的思想一直长期地影响着中国古代社会经济的发展。到了19世纪，西方帝国主义用坚船利炮叩开中国大门的时候，清朝统治者才从天朝上国梦中惊醒。

务农是要扎扎实实耕种，勤勤恳恳地劳作的，这种劳动本色，在做人的时候也同样要有。敦厚朴实，不虚假、不失度、勤劳谨慎，都是农业劳动中最集中的表现，也是做人最应保持的高尚品质。由务农到其他工作和学习，不都需要这种精神吗？

聆音察理，鉴貌辨色[1]。贻厥嘉猷，勉其祗植[2]。省躬讥诫，宠增抗极[3]。殆辱近耻，林皋幸即[4]。两疏见机，解组谁逼[5]。

【注释】

［1］聆：细听。察：细想。鉴：细看，观察。辨色：辨别脸色。这两句是说听话要分辨是非，待人要察言观色。

［2］贻：留下、给予。厥：他人的。嘉猷：好主意。猷，计谋。祗：

恭敬，这里意为谨慎小心。植：树立，指处世立身。

［3］省躬：反省自身。讥：讥诮，指责讽刺的话。宠：尊贵荣耀。极：极点。

［4］殆：接近。林皋：即靠近水的山林。这里指隐居之所。皋，水边高地。幸：希望。即：走近。

［5］两疏：即汉宣帝时疏广和其侄疏受，两人一为太子太傅，一为少傅，备受恩宠，后皆称病辞官还乡。见机：看准时机。解组：解下系官印的绳带，即指辞官。

【译文】

听人说话要分析其中的是非曲直，与人交往要观察分辨对方的言行脸色。要给别人好的忠告或建议，勉励他人谨慎小心地立身处世。听到别人的讥讽与告诫，要经常自我反省；备受恩宠，不要得意忘形，更不要让自己的权势达到极点。如果因为位尊荣宠而招致祸辱，就要及时归隐山林，方可幸免于祸。汉代的疏广、疏受叔侄看准时机，及时归隐，又有谁逼迫他们辞去官职呢？

【赏析】

本节主要讲述了为人处世的道理。交际是一门非常高深的学问，其中许多技巧是需要学习的。与人相处，要善于察言观色，听话外之音，从他人的表面的言辞中了解其内心的想法。和他人交谈时，要用自己的真诚善意去聆听他人的苦闷并帮助他走出困境，从而劝勉他建立丰功伟绩。同时，还要自己时时提高警惕，注意事项变化中物极必反这条规律。

物极必反在社会现象中是非常常见的例子，其中犹以险恶的官场为典型。世人皆以为那些天天围在皇帝身边，出入宫帷的人身份显赫，哪里又知道“伴君如伴虎”。稍微一个不小心就会脑袋搬家，有今日没明朝。历史中出现过多少这样的教训，很多封疆大吏、治国良相因功高盖主而招来杀身之祸并祸及全家。所以说，只有那些能够在春风得意之时仍不被名利冲昏头脑的人才能全身而退；只有激流勇退，才能明哲保身，安享晚年。因而，隐士成了中国古代文化中一种独特的现象，古人在仕途不得意时多选择这一条路来完成其对高尚品德及美好人格的追求，表现出一种孤傲清高、洁身自好的高雅品格。

索居闲处，沉默寂寥[1]。求古寻论，散虑逍遥[2]。欣奏累遣，戚谢欢招[3]。渠荷的历，园莽抽条[4]。枇杷晚翠，梧桐蚤凋[5]。陈根委翳，落叶飘摇[6]。游鹍独运，凌摩绛霄[7]。

【注释】

[1] 索居：独居。索，孤单。闲：悠闲。寂寥：空旷沉寂。

[2] 求：探求。散虑：排解忧虑。逍遥：自由自在，不受约束。

[3] 欣：高兴。奏：同“凑”，聚集。累：牵挂，烦恼。戚：忧愁。谢：推辞，拒绝。

[4] 渠：指水面。的历：光亮鲜明的样子。莽：丛生的草木。抽条：长出枝条。

[5] 晚：岁晚，指冬天。蚤：通“早”。凋：叶子凋零。枇杷是常绿的树木，梧桐则逢秋落叶。

[6] 陈根：陈年的树根，这里代指老树。委：通“萎”，枯萎。翳：指树木枯死，倒毙于地。

[7] 鹍：同“鲲”。独运：独自飞翔。凌：升高。摩：靠近。绛霄：九霄之一，深红色的天空。

【译文】

他们离群独居，悠闲度日，不辨是非，沉寂安适，何等清静自在！探求古人古事，寻求人生哲理，这样就可以排除忧虑，自在逍遥。高兴的事凑列一起，烦恼丢在一边，杜绝忧愁，欢乐就到来了。池塘里的荷花鲜丽夺目，园中的青草抽出嫩芽。枇杷树到了冬天依然苍翠欲滴，而梧桐一进秋天，叶子就早早地落了。陈根老树枯萎倒伏，落叶在秋风中四处飘荡。在这寂寥的晚秋，鲲鹏独自遨翔，直飞向高高的云霄。

【赏析】

本节主要描写的是隐者之乐。从喧嚣的官场中回到宁静的大自然里，感受大自然的天真无邪。在徐徐的清风中，在轻脆的鸟鸣中体会大自然的乐趣。放下举世的烦忧，放下官场中的明争暗斗，这是那些身处名利场中的人梦寐以求的境界。所以刘禹锡有了《陋室铭》“无丝竹之乱耳，无案牍之劳形”的歌唱。表达了文人乐于贫困而远离官场的欢快心情。归隐之后，不会再有伴君如伴虎的忧虑，也不会有逢场作戏的应酬。丝竹是指音乐，古代宫中或官府里常有乐舞，隐士则可以敬而远之；案牍是指官方文书的审阅批复，耗尽官员们的精神，以致形销骨瘦，面有菜色。而一旦归隐，这一切都不再有了，陶渊明在《归园田居》里“采菊东篱下，悠然见南山”是多么快乐啊！身心得以休息和舒展，享受逍遥的田园生活，看春夏秋冬之四季更替，植物之生死枯荣，水中游鱼之吹沙戏浪，空中飞鸟之晨飞夕还，其乐趣与官场中的苦闷简直是天壤之别。

耽读玩市，寓目囊箱[1]。易輶攸畏，属耳垣墙[2]。具膳餐饭，适口充肠[3]。饱饫烹宰，饥厌糟糠[4]。

【注释】

[1] 耽：沉迷。玩：专心研究。市：书铺。东汉王充年少家贫，无钱买书，便到书市里读书。寓目：寄托目光，瞩目。囊：装书的袋子。

[2] 易：轻视疏忽。攸：代词，所。属耳：耳朵贴在墙壁上窃听。

[3] 具膳：准备饭食。充肠：吃饱肚子。

[4] 饫：饱、足。厌：通“餍”，吃饱，以吃……为满足。糟糠：酒糟、米糠等粗劣食物。

【译文】

东汉王充沉迷于读书，他经常到洛阳书市里聚精会神地看书，专心研究书籍，眼睛只注视装书的袋子和箱子。说话最怕轻漫随便，毫无禁忌，要留心隔壁有人在贴耳偷听。安排一日三餐的膳食，只要口味合适能吃饱肚子就行。吃饱的时候，即使见到大鱼大肉也不想再吃了；饥饿的时候，即使用酒糟糠皮填饱肚子也可以满足。

【赏析】

本节主要通过对人眼耳口食的规范，要求达到对人自身行为的规范。人有五官：眼、耳、鼻、舌、眉，即通过视觉、听觉、嗅觉、味觉以及触觉来接触外界信息。人们欣赏田园风光之美，目光所及之处都能给身心带来喜悦，心有所喜则目光就会特别留意那些令人产生美感和喜悦的事物，于是出现良性循环，心情愉悦，身体放松，身心均会健康。文中便用王充去书市里读书的例子来说明，好看书的人，读书自然是他最大的爱好与兴趣，所以，目光所停驻的地方自然是书籍所在之处，这些都是有科学依据的。

味觉决定人们对食物味道的选择，同时也会引诱人们去贪食美味可口的佳肴，而厌恶粗糙无味的食物。从口味引申到今天所谓的科学的饮食，吃饭即要求不能挑食，要合理搭配才能吃出健康。适口，就是不要过于追求刺激性的食物。充肠，就是以吃饱为度，不可贪食而胀腹。这就像做人一样，许多事情要有所选择，不能一味放纵自己，要明白过犹不及的道理，一切以适度为好。

亲戚故旧，老少异粮[1]。妾御绩纺，侍巾帷房[2]。纨扇圆絜，银烛炜煌[3]。昼眠夕寐，蓝笋象床[4]。弦歌酒宴，接杯举觞[5]。矫手顿足，悦豫且康[6]。

【注释】

[1] 故旧：朋友。异粮：指年长者吃细粮，年幼者吃粗粮，老少有别。

[2] 御：侍奉。绩纺：纺纱织布，泛指家中各种劳务。巾：手巾之类。帷房：内室。古代以服侍夫君饮食起居为妻妾的本分。

[3] 纨扇：细绢做成的团扇。絜：同“洁”。炜煌：火光明亮辉煌。

[4] 昼：白天。夕：夜晚。眠、寐：都是睡的意思。蓝笋：用青篾精编的竹席（俗称篾席）。象床：用象牙雕刻物装饰围屏的床。

［5］弦歌：以琴瑟等伴奏唱歌。弦：古时的一种琴类乐器。觞：古代酒杯。

［6］顿足：用脚踏地。悦豫：欢喜，高兴。康：安乐，平安。

【译文】

亲戚朋友来了要盛情款待，要给老人和孩子准备粗细不同的食物。妻妾婢女不仅要纺纱织布，管理好家务，还要在内室伺候丈夫，照顾好他的饮食起居。圆圆的绢扇洁白素雅，明亮的烛光辉煌如银。白天躺在青篾编成的竹席上午休，晚上在象牙雕屏的床榻上睡眠。盛大的宴会上奏乐唱歌，人们相互举杯祝酒，开怀畅饮。喝到兴起处，大家情不自禁地手舞足蹈，真是又快乐又安康。

【赏析】

本节主要讲述了居室之礼。古代人往往是一大家族人住在一起。父母子侄、叔伯兄弟、姑嫂姐妹都挤在一起，但是人多了，问题自然也就多了，且不说老少之分、男女之分，个人生活习惯的不同也会导致许多事情都需要重新协调处理。就拿吃饭来说，也是口味各异，所以要用不同的食物来招待。有的富贵之家，室内布置的华贵、精美，就如《红楼梦》大观园中的那般，所谓的纨扇、银烛、蓝笋、象床等都是用来形容房内用品的雅洁和华贵。

但是，这里也提示了人们，生活中不可缺少的这些生活用品在贫寒之家或许不能样样必备。一般人家也许就只有蒲扇、昏灯、草席、木床之类的简单粗糙的用品，但是多了儿女承欢膝下的天伦之乐，多了健康的体魄。宁静的生活没有太多的名利之争，没有复杂的关系网，父慈子孝、其乐融融不也是人生的一件美事吗？这不也是许多身处富贵之中的人希望得到却不能得到的吗？

嫡后嗣续，祭祀烝尝[1]。稽颡再拜，悚惧恐惶[2]。笺牒简要，顾答审详[3]。骸垢想浴，执热愿凉[4]。驴骡犊特，骇跃超骧[5]。诛斩贼盗，捕获叛亡[6]。

【注释】

［1］嫡后：正妻所生的子女。嗣续：指继承王位或家业。嗣，继承。

烝尝：古代祭祀名称。秋天祭祖叫尝，冬天祭祖叫烝。这里泛指祭祀。

［2］稽颡：古时的一种跪拜礼，屈膝下跪，磕头时额头要碰到地面。颡：额头。悚：恐惧，这里意为虔诚恭敬。

［3］笺牒：指写信。笺：用来写信的小张纸。牒：写好的信件。顾答：回答，答复。审：仔细。

［4］骸：本义是骨骼。转义指身体。垢：脏物。执：持，拿着。浴：洗身。

［5］犊：小牛。特：公牛。骇：受惊。骧：马抬头快跑。

［6］诛：杀。亡：逃亡的人。

【译文】

正妻所生的儿子继承祖先基业，主持一年四季的祭祀大礼。祭祀时，跪地叩首，拜了又拜。表情庄重严肃，内心恭敬虔诚，诚惶诚恐。书信要写得简明扼要，回答别人问话时要审慎周详。身上脏了就想洗个澡，手里捧着热的东西就希望它快点儿凉。驴、骡、马、牛等牲口，一旦受到惊吓就会四处狂奔乱跑。官府诛杀惩治小偷和强盗，追捕叛乱分子和逃亡的罪犯。

【赏析】

本节作者论述的事情非常的纷杂，换句话说亦非常的丰富。他从家族家业子嗣的继承说起，到春夏秋冬四季的祭祀，再到行礼之时的神情和心理、书信的来往、问题的回答。其中后三句提到洗澡、烫手，讲牲口受惊会狂奔以及诛杀盗贼与追捕逃犯，可见作者思想跳跃之大，其中，提到书信的语言要简要，回答他人问题要准确详细这两点，今天的青年人要多加注意。同时众多的意象亦表现出作者高度的认知力和惊人的概括力，短短数言中，包含这么丰富的事物，在语言表达力上体现了古代文言文精炼、简约的特点。四言的短句不但读起来琅琅上口，也更便于记忆，句末的韵脚更让其富有了节奏美。古代因为书写工具的落后，要节约材料和时间，不能把口语如实地记录下来，就对语言本身提出了更高的要求，从而产生了精美的文言，将语言锤炼成了一门艺术。人们在阅读内容，吸收信息，获得知识的同时，还得到了艺术的享受。

布射僚丸，嵇琴阮啸[1]。恬笔伦纸，钧巧任钓[2]。释纷利俗，并皆佳妙[3]。毛施淑姿，工颦妍笑[4]。

【注释】

[1] 布：东汉末吕布，善于射箭。僚：春秋末熊宜僚，善玩弄弹丸。嵇：三国嵇康，善鼓琴。阮：三国阮籍，能发出清越悠长的啸声。

[2] 恬：蒙恬，相传他发明毛笔。伦：东汉人蔡伦，发明造纸术。钧：三国马钧，曾制造指南车、水车等。任：传说中的任公子，善于钓鱼。

[3] 释纷：解除纠纷。利俗：便利世人。

[4] 毛：毛嫱，传说中的美女。施：西施，战国时越国绝代佳人，是苎罗山施姓樵夫的女儿，因家住西村，故称西施。

【译文】

吕布精于射箭，宜僚善弄弹丸，嵇康擅长弹琴，阮籍能撮口长啸。蒙恬制造了毛笔，蔡伦发明了造纸术，马钧制成了灌溉水车，任公子在东海钓得大鱼。他们的技能与创造，有的为人解决纠纷，有的造福世人，都是精湛绝妙、令人赞叹的。毛嫱和西施容貌姣好，无论是皱起眉头还是露出笑脸，都同样美丽动人。

西施

【赏析】

本节表达了作者对祖国古代众多的能工巧匠的无限歌颂之情。他以吕布、熊宜僚、稽康、阮籍、蒙恬、蔡伦、马钧等古代能人的发明事迹向我们展现了古人智慧的高超和技艺的炉火纯青。技能达到纯熟应有两个前提，一是热爱，二是苦练。热爱是思想上的主动，苦练是行为上的主动，二者结合，技艺才能达到娴熟，继而登峰造级。所以说，培养一个高素质的人，必须注意思想和行为的统一，光有思想，缺乏行动，终因纸上谈兵而无所获；只靠苦练，而缺乏思考与总结，终将成为学艺的奴隶。只有那些能够将理论与实践，思想与行动统一起来的人才会在学业上、事业上有所成就。

中国古代的四大发明为人类文明的发展做出了巨大的贡献，但还有更多的发明，有的被湮没失传，有的失去使用价值，但他们都曾在历史的发展中产生过影响，都曾为后人的研究与发明贡献过自己的一份力量。人类正是在对历史的不断继承上逐步探索、前进、完善的。

年矢每催，曦晖朗曜[1]。璇玑悬斡，晦魄环照[2]。指薪修祜，永绥吉劭[3]。

【注释】

［1］矢：古代计时器漏壶中的箭。这里年矢指时间、岁月。每：经常。曦：早晨的阳光。曜：照耀。

［2］璇玑：天璇和天玑，北斗星中的两颗，这里指北斗星。斡：转动。晦魄：代指月光。晦，阴历每月末一天。环：月圆月缺循环变化。

［3］指薪：即脂薪。古时以烧脂烧薪来照明。修祜：造福。绥：平安。劭：美好。

【译文】

时光像箭矢一样飞速流逝，不断地催人变老，只有太阳东升西落，晨夕交替，光辉永照人间。高悬的北斗星随着四季的变换而转动；皎洁的月光盈亏循环普照着大地。只有积德修福，才能像木柴虽然燃尽，但火种却留下来那样延续生命，精神长存，以至永远平安美好。

【赏析】

本节主要讲述的是一些天体现象。时光流逝，过去的永远成为永恒，将来的一切还是未知。北极星永远指向北方，给迷失方向的人以永恒的坐标，月亮阴晴圆缺周而复始的不断变化着，大自然的一切都有其本身的运行规律，似乎千年如一。仿佛伟大的天神一般，不以人的意志为转移，大自然在人类的面前永远昭示着不可抗拒的力量。而人类呢？是否也应该有永恒遵守不变的信条呢？在第三句，作者已经告诉我们，便是那向善的心，做好事积德行就应该像燃薪一样，只有不断地加柴火才不会灭火。我们行善事也应该有坚持的毅力，只有长期的修炼，自身的品德才能得以提高，如果缺乏恒心，就修不成高尚的德行，所获得的只能是半途而废。

矩步引领，俯仰廊庙[1]。束带矜庄，徘徊瞻眺[2]。孤陋寡闻，愚蒙等诮[3]。谓语助者，焉哉乎也[4]。

【注释】

［1］矩步：踱着方步。引领：伸长脖子。廊庙：指朝廷和家庙。

［2］束带：整好服饰，束紧腰带。矜：庄重。徘徊：来回地走。瞻眺：远望。

［3］孤陋寡闻：学识短浅，见闻不广。愚蒙：愚蠢蒙昧。等：同样。诮：讥笑。

［4］谓：叫做。语助：语气助词。

【译文】

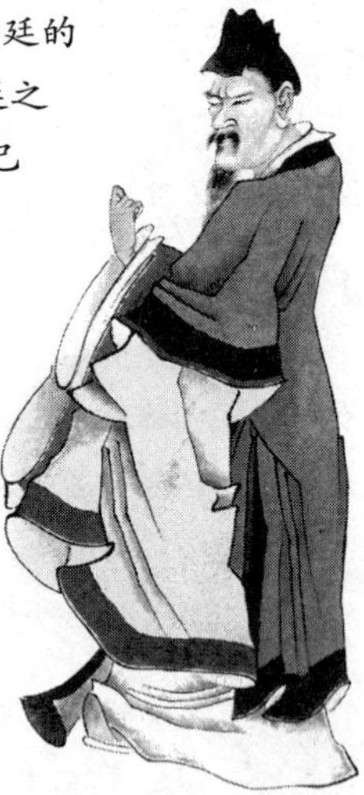

我手捧此文，奉献天子，踱步徘徊，翘首等待朝廷的批示。穿戴整齐端庄，恭敬地听候消息，徘徊于宫廷之外，不时地眺望远方，心中忐忑不安。微臣深知自己学问浅薄、见识短浅，愧感愚昧无知，难复王命，只能等待圣上的责备。说到语气助词，那就是“焉”“哉”“乎”“也”，我的学问也就知道这些罢了。

【赏析】

本节是全文的最后一个篇章，总结性地强调了学识、举止的重要。中华民族被称为礼仪之邦，自古以来，世人追求的理想，就是成为事业有成、品德高尚的文人雅士。做人做事有礼有节，入则孝，出则悌，事事遵循礼法，合乎道德。即古人提出的仁、义、礼、智、信。人的行为举止和修养学识，在生活中是可以观察出来的，不同场合，对人的行为举止甚至着装会有不同的要求，庄重严肃的场合，不同于欢乐喜庆的场合，所以古人的礼服分好多种，不同场合穿不同的服装。人的气质是由人的学识修养熏陶出来的，没有广博的知识，就会显得浅薄，谈吐庸俗，哪怕你身居高位，也会被人讥笑。

增广贤文

昔时贤文，诲汝谆谆[1]。集韵增广，多见多闻[2]。观今宜鉴古，无古不成今[3]。

【注释】

[1] 昔：从前。贤文：能规范人道德行为的好文章。诲：教导、教诲。汝：你。谆谆：恳切、不厌倦。

[2] 集：搜集。韵：韵文，如诗、词、赋、曲等。增广：增智慧，广见闻。这里指《增广贤文》这本书。

[3] 宜：应该。鉴：借鉴。

【译文】

古代圣贤的名言，给你亲切有益的教导。经过广泛搜集扩大篇幅，会令你多有所见多有所闻。观察今天的事应当借鉴古代历史，没有古代的历史就没有今天的一切。

【赏析】

《增广贤文》是人类智慧的结晶，俗话俚语皆成趣味，嬉笑怒骂皆道理。句句如月华之精，字字有千金之贵。读之怡然，朗朗上口，集人生、处世、学习哲理于一身。老人读之，回眸已往，感慨良多；青年读之，于无声处听雷鸣，自己处世之道，交友之理尽在其中。尽管古今不同，时移事变，但万象归一，世道人心自古如是。价值观虽然千差万别，所见事也日新月异，但是为人处世则大同小异。钢琴清而脆，古筝悠而扬，但音乐的本质还是一样的，古人世代积累的经验，咀嚼有力，回味无穷。尽管很多真理颇有封建色彩，但我们当去其糟粕，取其精华。以此为尺，可量古；以此为镜，可照今。能对《增广贤文》中的道理了如指掌，对其中的味道反复琢磨，对自己的人生将有很大帮助。

知己知彼，将心比心[1]。酒逢知己饮，诗向会人吟[2]。相识满天下，知心能几人。相逢好似初相识，到老终无怨恨心。

【注释】

［1］知：了解。彼：对方，别人。

［2］会人：能够理解的人。会：懂得，理解。吟：吟咏。

【译文】

遇事应当既了解自己又了解别人，对人应当用自己的心去体谅别人的心。酒应当同知心朋友一起欢饮，诗应当对懂得它的人吟诵。相互认识的人遍布天下，称得上知心朋友的能有几个人？友人相遇总像初次相遇那样谦恭，直到老年相互也不会形成怨恨。

【赏析】

“酒逢知己千杯少，话不投机半句多”。喝酒要寻知音，聊天要聚同道。世上之人，走马转篷，来来往往，时聚时散，真正的知己有几个人？虽说“海内存知己，天涯若比邻”，但往往“西出阳关无故人”。多数的朋友，数面匆匆，便混入茫茫人海，成了“纵使相逢应不识”。即使有那岑夫子、丹丘生，能与尔同销万古愁的人，但若要无礼之拘，害得自己心中恼怒，却不好明言，只能借故躲闪，密友终成陌路人。因而，有志趣相投的君子，应该“相逢好似初相识”，永保恭敬之心，才能使彼此的友谊绿水长流。

近水知鱼性，近山识鸟音[1]。易涨易退山溪水，易反易复小人心[2]。运去金成铁，时来铁似金[3]。读书须用意，一字值千金[4]。

【注释】

［1］知：了解，熟悉。

［2］复：翻，倒过来。小人：品质不好的人。

［3］运：运气。时：时机，机遇。

［4］一字值千金：史载吕不韦与门客著《吕氏春秋》，书初成时公于咸阳城门，有能增减一字的，赏千金。后常形容文章具有极高的价值。

【译文】

在水边生活的人知道鱼的习性，住在山林附近的人知道鸟的习性。容易暴涨也容易消退的是山间溪水，容易变化又容易反复的是小人的心。运气离去黄金会变成烂铁，时来运转生铁也会贵如黄金。读书须用心去体会，每一个字都价值千金。

【赏析】

园丁更识花性，樵夫更懂树纹，每个人都有自己熟悉和擅长的东西。庖丁解牛如神助，羲之一字换白鹅。每个擅长自己领域的高手都是对该领域的规律熟知的人，因为他们每日的精力都用在上面，就会达到“熟读唐诗三百首，不会作诗也会吟”的境界。门捷列夫把元素编成扑克牌，终于创制了元素周期律。要掌握事物的规律需要持之以恒，不能像小人之心反复无常，那样终将一事无成。只有了解了实践的规律、读书时才会深有体会，有“一字千金”的感受。

逢人且说三分话，未可全抛一片心[1]。有意栽花花不发，无心插柳柳成荫。画虎画皮难画骨，知人知面不知心[2]。钱财如粪土，仁义值千金[3]。

【注释】

[1] 且：但，只。未可：不可。

[2] 知：认识，识别。面：外表。

[3] 仁：良心，善心。义：诚实，守信等道德。

【译文】

与人交谈时只可话说三分，不要把心里想的全部说出来。用心栽的花并不一定就会开花，无意插的柳树有时却长成绿荫。画虎的外形容易，画出骨骼却很难，认识一个人的面貌容易，了解人的心却很难。钱财如同粪土，仁义才价值千金。

【赏析】

对人以诚相待固然应该，但并不是对所有人都要一视同仁，有句话说的好：“对敌人宽容就是对自己残忍。”世间关系纷繁复杂，人心隔肚皮，

谁也不知道谁是谁非，也许今朝感激涕零，明日就会转面忘恩。古人有句话需要我们谨记："害人之心不可有，防人之心不可无。""逢人要言三分话，不可全抛一片心。"两个人萍水相逢，未经考察，便以心相交，一旦对方有异心，那么自己便会害了自己。所以谨言慎行、留有余地，不能让人抓住把柄才是处世的经验之谈。

对人对事，不能重财，要轻财尚义，钱财可以挣，但仁义不能买。有仁，则朋友相助，千金易得；无仁，即使家财万贯，也容易覆水难收。

流水下滩非有意，白云出岫本无心[1]。路遥知马力，事久见人心[2]。马行无力皆因瘦，人不风流只为贫[3]。

【注释】

[1] 岫：山洞。本：本来。

[2] 遥：远。

[3] 风流：行事风流潇洒。为：因为。

【译文】

流水从滩头泻下并不是有意之举，白云从山洞飘出也全出于自然。路途长远才会了解马的力量大小，经过的事情多了就会了解人心的好坏。马行走时有气无力全因为很瘦弱，人行事不风流不潇洒只因为贫穷。

【赏析】

好事总会多磨，坏事总是喜欢装扮成好事的模样，让人真假难分。有的人话粗理不粗，意味深长；有的人花言巧语，却了无趣味，徒悦耳而已。谄媚之人，口中溢满恭维词，使人身心舒畅；耿直之人，话中往往带刺，让人如芒在背。所以分别好人与坏人就要遵循“路遥知马力，日久见人心”的原则。只有时间长了，才能看出人的真伪、机会的虚实。

饶人不是痴汉，痴汉不会饶人。是亲不是亲，非亲却是亲。美不美，乡中水；亲不亲，故乡人。相逢不饮空归去，洞口桃花也笑人[1]。

【注释】

[1] 饮：饮酒。笑：笑话，嘲笑。

【译文】

能宽恕别人的人不是傻瓜，傻瓜从来不会宽恕别人。有些人是亲戚却不像亲人，有些人不是亲戚却比亲戚还亲近。不论是不是甜美，都是家乡的水，不论是不是亲戚，都是家乡的人。朋友相逢不饮酒欢聚，连洞口的桃花也会笑话你。

【赏析】

宽宏大量的气度必定是君子所为，君子以恕己之心恕人，待人以宽。而痴人总计较于蝇头微利，因小失大，从而导致既得罪君子，又触怒小人，人际关系也陷于不利地位。若以君子之风处理人际关系，则如鱼得水，非亲亦亲。俗话说“出门靠朋友”，若有一批良朋挚友围绕在自己身边，自己遇到困难需要帮助的话就真的会有“远亲不如近邻”那样的感觉。当然长期在外漂泊，总须叶落归根，“美不美，乡中水；亲不亲，故乡人”。月总是故乡明，每个在外的游子，总有低头思故乡的时刻，饮水思源，人对故乡总有一种剪不断、理还乱的感情。所以在外思故乡，而近乡情更切。当你匆匆归家之时，忽逢往日好友，即使归心似箭，也要与友纵情举杯，相饮成趣。好好谈谈聚散离别，再踏上归乡路吧！

为人莫作亏心事，半夜敲门心不惊[1]。当时若不登高望，谁知东流海样深。俩人一条心，有钱堪买金[2]；一人一条心，无钱难买针。

【注释】

[1] 亏心：对不起良心。

[2] 堪：可以。

【译文】

做人不干对不起良心的事，半夜有人敲门也不会惊慌。如果没有登高远望，谁能知道东流的水会汇聚成海。两个人一条心，就能得到可以买黄金的钱；一个人一条心，连买根针的钱也赚不到。

【赏析】

对人要真心，对事要守信。“上无愧于天地，下无愧于鬼神”。君子坦荡荡为人，便不会有忧虑、恐惧之心，不会担心这、担心那，一心凭公平，做事讲诚信，一秤持平，群众自是那定盘的星。真而不虚，才能登高之望远，才会明白天外有天，人外有人的道理。不见大海，不知河小；不见高山，不知丘微；不见真人，不知己庸。跳出青蛙蹲的那口井，就该见贤思齐，才能长进许多，与贤能之人团结一致，做事必是无往不利。一根筷子容易折，一捆筷子不易断，众志成城，团结一心。即使身无分文，也是千金散尽还复来。不然，彼此之间各怀鬼胎，纵然是才胜子建，也是取祸之道，纵有千万家财，也能一朝败之。而要与人团结一心，就要以诚相待，心心相印，对人以真，人才会对你真。不然，一切虚假，不能取信于人，便什么也做不成功。

莺花犹怕春光老，岂可教人枉度春[1]。红粉佳人休使老，风流浪子莫教贫[2]。

【注释】

[1] 莺花：莺鸣花放。岂可：怎能。枉：白白地。

[2] 红粉佳人：美丽的女性。红粉：是妇女化妆用的胭脂与白粉。休：不要。风流浪子：有才华又不拘礼节的才子。

【译文】

黄莺和鲜花都唯恐春天消逝，人们怎么忍心虚度青春呢？俏丽娇美的女子千万不能衰老，风流潇洒的才子千万不能贫穷。

【赏析】

美丽是短暂的，也正因为短暂，所以才美丽，春光有限情无限，花有凋谢香不谢，美好的回忆能在心里永驻。但若风流浪子清贫之身，恐怕是无缘春光美景的，因为惜春爱春者往往是富贵之家的子弟，才有些闲情逸致。整日食不果腹，即使人间遍地春意，也会感觉一片萧条之象，反而会与美好对比，更增失落之意。

黄金无假，阿魏无真[1]。客来主不顾，唯恐是痴人[2]。贫居闹市无人问，富在深山有远亲[3]。

【注释】

[1] 阿魏：药名。

[2] 顾：照顾，招呼。痴人：傻瓜。

[3] 贫：穷人。富：富人。

【译文】

贵重的黄金很难造假，阿魏之类的药材却少有真货。客人光临主人不予理睬，这样的人恐怕是个傻瓜。穷人住在闹市也没人理睬，富人住在深山也会招来远房亲戚。

【赏析】

做人要真，对人要诚，本忠诚之道为人，才能广交良友。不能嫌贫爱富，也不能矫揉造作，高尚的品德如真金一样，不会有假，但虚以委蛇的应付却随时可见。因为真性情谁也不愿轻易白白付出，而一时伪装却依然能够掩人耳目。招待客人时，冷淡而不热情，体现不出待客之道，连表面的应酬也做不到的话，这样的人恐怕是傻瓜。一般世人，纵使不能付出真

心，也要虚与委蛇应酬一番。但偏有那嫌贫爱富之辈，面对穷亲僻友，不冷不热，对那富贵的陌生人，却攀亲结友，好不热情，即使世态炎凉，但这样的人也是令人鄙夷的傻瓜，此类人交不到真心朋友，全部是因利益关系而交结的，一旦利益关系断绝，情谊也随之断了。“君子之交淡如水”，真正的友情是心灵的沟通，真正的君子不以贫富交友，而以德交，也就是对人是真是假，日久自然会见得真心。一个人身无分文，只要拥有一片真心，他就拥有整个世界，普天之下尽良朋挚友。

谁人背后无人说，哪个人前不说人。有钱道真语，无钱语不真[1]。不信但看筵中酒，杯杯先敬有钱人[2]。

【注释】

［1］道：说。真语：真话。

［2］筵：筵席。

【译文】

有谁背后不被别人议论，哪个人在人前不议论他人？有钱的人无所顾忌敢讲真话，没钱的人顾虑重重不敢讲真话。如果不信请看宴席上的美酒，每一杯都先敬有钱的人。

【赏析】

虽说是“静坐常思己过，闲谈莫论人非”。但事实上，哪个人不在背后议论人，谁又不在背后遭人说。但遗憾的是每个人都不可能听到对自己客观的评价，多数人都是带有感情色彩评论对方。而人也总有一种心理，不喜欢听到对自己不利的言辞。所以一旦人们开始议论某个人时，仿佛彼此间有一种默契，不可让当事人知道，而把议论之语传于当事人的人，被称为搬弄是非、爱传闲话的小人而遭到众人鄙薄。越是这样的风气盛行，每个人都很难寻到自己的缺点，真正能做到愿意听人议论自己，愿意找寻自己缺点的人非常少，真能抛开心理障碍，乐意接受批评的人也就接近圣人了，必能成为朋友、亲人学习的楷模。

世上之人还有一个心理误区，就是喜听成功人士之言，认为他们的话才是真知灼见、久经考验的话。虽然贫贱之辈所言凿凿，句句真理，也不屑一听，因为他没有成功。尤其是在酒桌上，人们往往先给有成就的人敬酒，对于没有本事或者没有财富的人基本不喜与之多聊。

闹里有钱，静处安身[1]。来如风雨，去似微尘[2]。长江后浪推前浪[3]，世上新人赶旧人。近水楼台先得月，向阳花木早逢春[4]。

【注释】

[1] 闹里：喧闹繁华的地方。

[2] 微尘：微小的尘粒。

[3] 推：推涌。

[4] 向阳：向着阳光。逢：迎接。

【译文】

喧闹繁华的地方有钱可赚，偏僻幽静的地方最宜安身。来势如狂风暴雨，退去如微尘飘落。长江的后浪推涌着前浪，世界上新人赶超着旧人。靠近水的楼台最先欣赏到月亮的影像，向着阳光的花树最早接受春天的滋润。

【赏析】

人只是世上的匆匆过客，只是夜空里的一抹流星。人生如风中之絮，似水中之萍，如一帘幽梦，似一局迷棋。但很多人在短暂的生命里，去追名逐利、勾心斗角、执迷不悟。很少有人做到如庄周那

般超然，如陶潜那样洒脱，多数人痴迷于声色犬马，沉溺于功名利禄。红楼梦《好了歌》唱到："世人皆道神仙好，唯有权贵忘不了。古时将相今何在，荒冢一堆草没了。"历史是一个大舞台，你方唱罢我登场，即使风光无限，也不过几十年的光景，历史上的新人辈出，后浪总会超过前浪，便历史才能进步，社会才能进步。所以在短暂的生命里，居于茫茫的历史中，当有所醒悟。本来就是"赤条条来去"，何必在意生前身后名。慧能禅师有偈语道破苦海人生："本来无一物，何处惹尘埃。"万事随风去，一切随缘吧！即便世上攘攘皆为利往，我自在超然世外，又于我何干？不必因为有人走运而眼红，有人时机佳妙而心生悔恨，有道是"近水楼台先得月，向阳花木早逢春"，但水中月先得亦为空，向阳花早开亦早谢，正如辛弃疾所词："惜春常怕花开早，何况落红无数。"人世无定，本来就是三十年河东，三十年河西，况且人之一生如白驹过隙，又何必在乎这短暂的浮浮沉沉？佛经有载"凡所有相，尽皆虚妄"。静时应细思，为虚名浮利空逐一生，在历史的天空上留不下一丝痕迹，又有何意义？

古人不见今时月，今月曾经照古人[1]。先到为君，后到为臣。莫道君行早，更有早行人。莫信直中直，须防仁不仁[2]。

【注释】

[1] 古人：古时的人。照：照射，照耀。

[2] 直中直：表面正直。防：提防。

【译文】

古代的人看不到今天的月亮，今天的月亮却曾经照耀过古代的人。抢先一步能当君王，后到一步只能称臣。不要以为你走得早，还有走得比你更早的人。不要轻信那些表面正直的人，特别要提防标榜仁义却最不仁义的人。

【赏析】

《春江花月夜》有诗云："江畔谁人初见月，江月何年初照人。人生代代无穷已，江月年年只相似。"时间是永恒的，但历史和社会却是日益更新的，"年年岁岁花相似，岁岁年年人不同”。岁月有恒，人事常新。千年共一月，物是人却非，看沧海桑田，历史变迁，一时多少豪杰。赤壁依然透过青史峭立，不见了当年周郎英姿。时间的车轮滚滚而前，带走的永远是那一抹如血残阳。功败罪愆被飞扬的土湮没成一粒粒远逝的尘埃，争什么先后？夺什么名份？早行的为君，晚到的为臣，匆匆忙忙赶上了时间的列车，前面还有早行人，君君臣臣无穷匮，年年代代到如今。历朝更新换代的确与时机有莫大关系，朱棣若不及早起事，恐怕就没有了永乐这一年号。但人事更是关键因素，若非朱棣孤注一掷攻南京，恐怕已成了建文帝刀下之鬼。陈涉起义早，项羽随后到，最终政权还是归了刘邦。刘福通是早行人，韩林儿更早，但天下还是归了朱元璋。这其中最重要的因素不是天时、地利，而是人和，刘邦、朱元璋、朱棣都是善于识人用人的人，他们不信假仁假义的伪君子，不信表面正直内心阴险之人，能识人是一个人成功的关键，因为任何人都不可能单独成功，必须要依靠别人，才能取得大的成就。一旦依人不善，那么就会让自己前功尽弃。项羽手下有项伯，而项伯却心向刘邦，有马章之辈却又将其分尸，有韩信却不能用，最后成了敌军的千古功臣。朱棣眼看建文帝削藩夺功，一眼就识穿了建文帝的阴谋，知其以安抚为名，行夺权之实，遂决定起兵，这是一种魄力。

山中有直树，世上无直人[1]。自恨枝无叶，莫怨太阳倾。大家都是命，半点不由人。

【注释】

［1］直人：完全正直，没有私心的人。

【译文】

山里有长得笔直的树，世上却没有完全正直的人。大树只应恨自己枝上不长叶，不要抱怨太阳太偏心。所有人都被命运控制，一星半点都不由自己决定。

【赏析】

此话颇有宿命的味道，教人服从宿命的安排。有人生在帝王家，有人生在寒衣门，有的人自小衣食无忧，有的人自小流落街头。这一切居然用“大家都是命，半点不由人”解释。认为“自己无枝叶，莫怨太阳倾”，就是有钱

之人挥霍浪费，贫寒之士莫要心理不平衡，自己未生在富贵之家，埋怨也没有什么意义。说纵然如是说，但要知道，贫寒子多士人，富贵子多败家。生在富贵之家，有一个好的环境，未必是好事，有可能会消磨自己意志，让人不思进取，所谓“逸豫可以亡身”，但若是一贫寒之士，经历磨练，意志坚强，往往能够成就大事，所谓“梅花香自苦寒来，宝剑锋从磨砺出”，说得就是此意。历代王侯将相，世袭的不少，但出自贫苦之家的也不少，正如陈涉所言“王侯将相宁有种乎？”刘邦不过一个亭长，刘裕自小贫寒，砍柴为生，朱元璋给人放牛，他们皆为贫寒之士，却建立了帝王功业。傅说不过是个筑墙工人，伊尹也就是个陪嫁的奴隶，百里奚只值五张羊皮，依然不妨碍他们成为一代贤臣。所以越是命运不济，越应该与命运抗争，而不是怨天尤人。戴笠四处流浪，苦无机会，而立之年考试，却连考不中，但也靠自己的辛勤走向成功，尽管戴笠的一生不甚光彩，但彼此之间各为其主，也非他一人之罪。人生山重水复疑无路之时，必然会柳暗花明又一村，不要在沮丧时灰心，胜利和成功总属于坚持者，生活本就是充满活力希望的，不论出身如何，在社会的浪涛中勇于搏击，一样能建立丰功伟业，所以出身并不决定一个人的命运。

一年之计在于春[1]，一日之计在于寅[2]，一家之计在于和，一生之计在于勤。责人之心责己，恕己之心恕人[3]。守口如瓶，防意如城[4]。

【注释】

[1] 计：打算。

[2] 寅：寅时。古人以十二地支计时，寅时相当于现在黎明的三点到五点之时。

[3] 责：责备。恕：宽恕，原谅。

[4] 守口如瓶，防意如城：语出唐道世《诸经要集·九择要部过》引维摩经。喻严守秘密，不可告人。

【译文】

为一年的事情打算应在春天，为一天的事情打算应在寅时（黎明），一个家庭的成功首先要和睦，一个人一生的成功首先要勤劳。应当用责备别人的心责备自己，用宽恕自己的心宽恕别人。闭紧嘴巴不乱讲话就像塞紧的瓶口，克制私心杂念就像坚守城堡防备敌人。

【赏析】

一个人的成功需要多种因素：理念、意志、性格、态度以及机遇等。机会是外生变量，可等不可期；但理念、意志、性格等却是自身的因素，经过努力锻炼，就可以达到要求。任何一个成功人士无疑都具备自身的优秀品质——思路清晰，做事条理分明，意志坚强，对人以宽，对己则严。每一个取得不斐成就的人都有许多值得赞叹的优秀品质。他们无一例外的有着坚强的意志，严于律己、宽以待人的心胸，还有做事之前合理的计划。我们要拥有并提高自己综合素质，那么自己终将会迎来成功的黎明。

宁可人负我，切莫我负人。再三须重事，第一莫欺心。虎生犹可近，人毒不堪亲[1]。来说是非者，便是是非人。

【注释】

［1］虎生：陌生的老虎。犹：还，尚且。近：靠近，接近。毒：歹毒，恶毒。堪：可以。

【译文】

宁肯让别人辜负我，决不让自己辜负别人。做事要再三考虑慎重对待，做人第一条准则是不要欺骗自己的良心。老虎虽然陌生尚可接近，人很熟悉却不可亲近。前来对你议论别人是非的人，其实他就是制造是非的小人。

【赏析】

“宁可人负我，切莫我负人”是做人的原则，本着这个原则做人会给自己的人际关系开辟一片蔚蓝的天空。信任别人，真诚而热情，同样也会得到别人善意的回报，即使有人辜负你一片真心，那也应该用宽容之心去化解怨恨。说话做事三思后行，不欺昧自己的良心，总有一天，会获得别人的理解和尊敬。若一时意气，为别人的某些不是或对自己的某种伤害而雷霆大怒、必要报复而后快，这无异于为自己的人生设置陷阱。对别人的报复也终究会获得别人的报复。如果为人极其苛刻，那么也交不到知心朋友，而且自己会深陷于为人不容的窘境。若还执迷不悟，必然会变成阴险毒辣之人，这样的人连畜生都不如，畜生虽狠，但你不惹它，尚不至于伤人；可阴毒之人，随时可能害死自己，哪怕你和他再亲也不能不防他。阴狠毒辣之人，面慈心狠，口蜜腹剑，当面亲如兄弟，背后扎刀子，与这样的人打交道，稍不小心，就会跌得粉身碎骨。尤其是乱世之中，搞政治的人更是如此，所以古代有些高人士子宁愿去深山隐居，也不愿与阴谋政治家们在一起谋划政权之事，历史上多少贤臣良将为君主竭忠尽力，到头来却落得个死无葬身之地的下场。

除阴险狡诈之人外，还有一种人，也不得不防，就是喜欢搬弄是非的人。这种人往往表现为在人前喜传闲话，好议人非。这样的人本身就是搬弄是非的人。搬弄是非的小人在历史上往往表现为奸佞之臣，陷害忠良，不仁不义；在生活上表现为妒贤嫉能，好议是非，对于这种人应敬而远之，不可亲近。

远水难救近火，远亲不如近邻。有茶有酒多兄弟，急难何曾见一人！人情似纸张张薄，世事如棋局局新[1]。山中也有千年树，世上难逢百岁人[2]。

【注释】

[1] 人情：人与人之间交往的感情。

[2] 百岁人：形容人年岁大。

【译文】

离得很远的水源难救近处的烈火，住得很远的亲戚不如近处的邻居。当你有茶有酒的时候就有很多兄弟围着你，可是当你遇到紧急危难的时候却一个也见不到了。人的情意像纸，一张比一张薄；世上的事像棋，一局比一局新。山里有生长千年的树，世上难遇活了百岁的人。

【赏析】

“在家靠亲，出外靠友”。朋友多了路好走。有时候，亲戚的确不如朋友，朋友肯帮的忙，亲戚未必肯帮。人们常讲“投亲靠友”，“投亲”就是说暂时投奔亲人，也就是亲人会在急难之时伸出援手，亲戚一般奉行“救急不救穷”的原则。而朋友可以长久依靠，这种依靠有一种合作的味道，偶遇贵人相扶，亦可改变命运，从而青云直上。但朋友也要分出层次，有的朋友不但对自己了无帮助，还会使自己堕落。酒肉朋友，以酒茶为意，酒桌上哥们儿义气，私底下各自为己，一旦有利益纠纷，还会反目成仇。很多人得意之时，高朋满堂，失意之时，孤寂冷清。这就是世态炎凉，人情冷暖。人情世间薄如纸，世事变幻难预测，大多数人在变幻的世事中还是以利益为主。人生苦短，八十载光阴如箭，若不在生时数年间抓紧时间建立功业，等死后便百事休，后悔也来不及了。所以世上急功近利的人很多，毕竟“世上难逢百岁人”，因此，有些唯利是图的人是不可交的，他们为利益出卖朋友，不择手段，人前说好话，酒桌上谈义气，背后就捅刀子，这样的阴险小人，交往有害无益。朋友之间讲利益无可厚非，人本身就要靠利益而活，但利益要讲求双赢，双方是意趣相投，彼此相互合作，但不是唯利是图，互相利用。若人与人之间都是利用关系了，不但活得累，而且随时会让自己成为别人的替罪羊，但彼此之间，合作共赢，互信互利，则会使友谊之树长青。

力微休负重[1]，言轻莫劝人[2]。无钱休入众，遭难莫寻亲。平生莫作皱眉事[3]，世上应无切齿人[4]。士者国之宝，儒为席上珍[5]。

【注释】

［1］力微：力气小。

［2］言轻：说话微不足道，没有分量。

［3］皱眉事：害人的事。

［4］切齿人：仇人，恨你的人。

［5］士：指具有某种品质或技能的人。儒：读书人，有文化的人。

【译文】

力量单薄就不要去背负重物，说话没有份量就不要去规劝别人。没有钱就不要到人群中去，遭遇急难千万别去求亲戚。一生不做自己不应当做的事，世界上就不会有恨你的人。读书人是国家的宝贝，儒家学者如同宴席上的美味一样珍贵。

【赏析】

有人说，当一个人的理想超过能力的时候就是人生的悲剧，很多人做事不懂得量力而行，导致生命里有太多不可承受之重。鲜花艳不到秋，就不要与菊争；菊花香不到冬，莫要与梅斗；人也是一样，只有在适当的时候做适当的事才会成功。一个放羊娃梦想做皇帝，如果没有朱元璋时代的乱世，也就做个南柯梦罢了。当代大学生很多人眼高手低，毕业伊始就妄图财源滚滚、身负重任，最终只有痛苦，只有脚踏实地才能走好自己路，才能欣赏到每一处的无限风景。有的学生不努力，或是呼朋喝友，或是投亲靠友，希望有条捷径可走，这样浪费自己的时间精力，对自己没有什么帮助。任何交往都有是需要交易成本的，一个才子一般具有恢宏宽

阔的心胸、学富五车的知识，还有远见卓识的眼光、当机立断的性格，这样的人才是国宝级的人才，他知道在与人交易的时候，怎样最大的节省交易成本。所以，这样的人才需要尊重，用这样的人才去搞外交，同样会令国家受益多多，用这样的人才去搞企业，就会让企业如日中天。

若要断酒法，醒眼看醉人。求人须求大丈夫，济人须济急时无[1]。渴时一滴如甘露，醉后添杯不如无[2]。久住令人贱，频来亲也疏[3]。

【注释】

[1] 丈夫：男子汉，即有气节有所作为的人。济：帮助，接济。

[2] 甘露：甜美的水。

[3] 贱：轻视。频：频繁，多次。疏：疏远。

【译文】

一个饮酒成瘾的人若想得到最好的戒酒方法，只有用清醒的眼光看看喝醉酒的人丑态百出的表情。求人帮助应当去求真正的男子汉，接济别人只能接济急需救济的穷人。干渴的时候一滴水也像甘露一样甜美，喝醉酒以后再多喝多少杯也像没喝一样。在别人家住得久了会让人讨厌，亲戚之间来往过于频繁反会疏远。

【赏析】

如果想抛弃某件不利于自己且又成为习惯的行为，就要让自己看这件事的后果和危害。心理学上认为，行为具有可塑性，一旦某件事情成为习惯，那么到就会形成一定程度上的条件反射，从而难以去除，而去除条件反射的方法就是厌恶疗法，这是心理治疗的方法之一。一个吸毒的人，让他每天观看吸毒者的丑态和病态，一个醉酒的人，亦让其每日观看醉鬼的丑态和病态，久而久之就会在心理上形成逆条件反射，从而制止先前的行为。

很多不良行为一旦形成习惯就很难改掉，很多善行形成习惯对身心有极大帮助，但善行过多，也就是帮助过分，就化成了不利的行为。任何行为和事情都要保持一个度，比如求人办事，要在危急之时求人，俗话说："救急不救穷。"求人并不算什么良好的行为，但也不算什么恶行，即使所求之人是胸怀四海的大丈夫、真君子，次数多了，也会招致别人的反感。若帮助别人于饥饿之时，送一饭，赠一酒，就会让人感激涕零。但酒足饭饱，还要殷勤过度，强行劝酒，还不如不送的好。处世的原则是：关心人恰如其分，帮助人恰如其分，说话恰如其分，做事恰如其分。即使再要好的朋友，在一起住的时间太长也觉得没意思了。再好的亲戚频繁的往来亦会逐渐疏远的。这个度最难把握，多数人知道过犹不及，却很少有人做到中庸之道。喝酒不醉方为妙，食色不乱是英豪，君子爱财取之有道，忍让退步祸自消，把握好"度"，就能够尽享快意人生。

酒中不语真君子，财上分明大丈夫[1]。积金千两，不如多买经书[2]。养子不教如养驴，养女不教如养猪。

【注释】

［1］真君子：真正有修养的人。大丈夫：指做事光明磊落之人。

［2］积：储存。多买经书：意指多买书，通晓四书五经。经书：指儒家经典，四书五经等。

【译文】

饮酒时不胡言乱语才是真正的君子，在钱财上一清二楚才是堂堂男子汉。积蓄千两黄金，不如多买经书留给后代。养儿子不教育这和养驴没有区别，养女儿不教育这和养猪没有两样。

【赏析】

修养是一个人层次的体现，也是一个人德行的表现，修养好的人也往往有着较高水平的道德水准，一言一行恪守礼纪，即使酒醉也不会胡言乱语，不会借酒发挥，雾海云天般乱讲。何况君子都饮酒有度，不会吃醉。在财产上，过分痴迷则成贪，毫

不在意则太假。君子一般是产权明晰，财产分明。挣钱养家但决不会对钱财看得太重。不会无故的胡乱施恩，也不会斤斤计较，都是明明白白的做事，通通达达做人。教子有方，养女有道。在教育子女上，不会给自己的子女留下太多财产，但会给他们留下经书，因为精神财富才是最大的财富，读书明智给子女的保障远比让他们衣食无忧更加牢固。钱财总有花完的一天，而学识和教养却会跟随他们终生，作为取之不尽用之不竭的人生财富，一辈子都会受益无穷。因此，从小就使子女接受教育，树立正确的人生观是非常必要的。若子女只是衣食无忧，对于文化知识和道德修养却一无所知，这样的孩子与驴、猪有何区别？对孩子的教育，就如同小树需要修剪，若不管不顾，只是任其疯狂滋长，是永远长不成参天大树的，只有去掉弯条斜枝才能成长为参天巨树，而修养就是对子女品行的修剪，所以，修养是一个很主要的问题，关系到每一个人的将来，应该引起大家的注意。

有田不耕仓廪虚，有书不读子孙愚[1]。仓廪虚兮岁月乏，子孙愚兮礼义疏[2]。同君一席话，胜读十年书[3]。人不通古今，马牛而襟裾[4]。

【注释】

[1] 仓廪：装谷米的仓库。虚：空。

[2] 兮：语助词，相当于“啊”“呀”。疏：生疏、疏远。

[3] 胜：好过，比……更好。

[4] 马牛而襟裾：就像穿着衣服的牛马。襟裾：代指衣服。襟，上衣的前面部分。裾，衣服的前襟。

【译文】

有田地不耕种粮仓必定空虚，有书籍不阅读子孙必定愚蠢。粮仓空虚生活就没有保障，子孙愚蠢就会不讲礼和义。同你长谈一次话，收益胜过读上十年书。一个人不能博古通今，就同牛马穿着衣裳没什么区别。

【赏析】

不耕耘，就没有食物，就会挨饿，当今之人皆怨天道不公，却不想财富本是辛勤获得，人在打拼不在命。同样的庄稼地，有的农民就管理得枝

繁叶茂，果实累累，有的农民却管理得荒草丛生，禾苗稀疏。所以有的农民就会过得殷实，有的农民就会过得贫寒，这样的贫富差距岂是由命理所左右？完全在于个人是否勤奋。读书亦是此理，有的人读书不勤，智慧不高，每考不中，却一味的归咎于天命或社会腐败，却不想自己水平其实并没有多高，偶读两卷书，便不知天高地厚，认为自己是才子，其实胸无点墨。书山有路勤为径，学海无涯苦作舟。学习需要孜孜不倦，而不是三天打鱼，两天晒网。而有的人踏实求学，不求攀比，每日更上一层楼。与这样的人谈话，便能聆听到智慧的声音，其思维变化如山中之云，其思想丰富似海中之水，聊天一次，便是享受一次。真有与君一席话，胜读十年书的功效。殊不知，这胜读十年书的一席话可是人家积累了多年的心血而厚积薄发的。马克思写《资本论》就用去了四十年心血，虽然只是一本书，但为此查资料据说连大英图书馆的地板都踏出了两道脚痕，其勤奋可见一斑。积累的知识越雄厚，那些么所言就会越凸显智慧。若是胸无点墨，古今不通，那么言之无物，听之无益，虽不能用“衣冠禽兽”这样贬义词来形容，因为这是从道德层面讲的，但也等于是穿着衣服的牛马罢了。

茫茫四海人无数，哪个男儿是丈夫！美酒酿成缘好客，黄金散尽为收书[1]。救人一命，胜造七级浮屠。城门失火，殃及池鱼。

【注释】

[1] 缘：因为。好客：乐于接待客人。收书：收藏、购买书籍。

【译文】

广阔的四海之内不计其数的人中，有哪个男人称得上是真正的男子汉？酿成美酒是因为喜欢朋友团聚，花掉全部金钱是为了购买书籍。搭救别人一条性命，胜过修建七层宝塔。城门口着了火，取水救火，连累池中的鱼无水而死。

【赏析】

茫茫人海，真的称得上英雄的有几人？每个人在童年都有宏伟的梦想，但多数都随着年龄增长磨灭了，真正能实现自己梦想的人，浩渺的历史上也就是为数不多的那几个精英！成吉思汗的大弓在历史的天空铮鸣，亚历山大的长矛在波斯帝国的废墟里闪光，可历史上的多数人成了英雄征战铁蹄下的亡魂。白起的一声喝令，四十万生命顿时就化为尘土。茫茫的历史，生命显得多么脆弱，掀开历史的每一页，只有英雄的记录，平凡之人就随着时代的车轮消逝在历史的远方，没有留下一丝痕迹。欲做真英雄，要从行动开始，不能只有梦想，更要有行动。

每个历史上的英雄形象并非天生的，都是靠辛劳的努力换得的，拿破仑虽然是战争里的将军，但也博览群书。他们的时间都放在增强自己的能力上，所以才能在历史的天空里闪光。

除了英雄可留名外，性情中的才子一样可以永垂青史。陶潜好酒，刘伶喜醉，他们皆为性情中的才子。“美酒酿成缘好客，黄金散尽为收书”。有渊博的知识，性情豁达、放荡不羁，这样的才子多出于乱世，若太平盛世，他们成为一代贤臣名相也未可知。

历史上有人求名，也有人淡泊名利。高人隐士因为世道混乱，不愿出仕，但真正的高僧却是看透世事红尘之人，讲究一生行善。“救人一命，胜造七级浮屠”，为自己积德积善，不求名利。这些人是历史上的无名英雄；高僧往往高寿，传说唐代有高僧慧昭活到了290多岁，因为他以行善为本，没有怨恨之心，心胸开阔，所以疾病不生，身强体健。一般人做事不是图名就是图报，所以经常顾此失彼，导致“城门失火，殃及池鱼”。平时人们常讲“管闲事，生闲气”就是因为自己的心境没有放平和，在管闲事的过往中，希求得到一些利益，从而无意间得罪了别人或者是自己的要求没有得满足，从而产生怨言。若心态平和，没有任何企图，不管什么事都会得到感激，是不会生闲气的。

庭前生瑞草，好事不如无[1]。欲求生富贵，须下死功夫[2]。百年成之不足，一则败之有余[3]。人心似铁，官法如炉[4]。

【注释】

[1] 瑞草：吉利、吉祥的草。

[2] 欲：想要。生：活着时。

[3] 成：建设。足：足够。

[4] 人心似铁，官法如炉：谓任你心如铁石坚顽，也终逃不出洪炉般的法律。官法：国家的法律。

【译文】

庭院生长出吉祥的草会招来人们观看，这样的好事不如没有的好。要想求得生前的富贵，必须付出拼死的努力。做成一件事花费百年还怕不够，而一瞬间的不慎则会轻易毁掉它。如果说人心像铁，那么国家的法律像冶炼的洪炉。

【赏析】

好事不是由什么天象来预兆的，若想求取富贵，必须要付出加倍的努力。“台上三分钟，台下十年功”。任何光耀的背后都是无尽辛酸，任何一个人的成功都不是一蹴而就，都要经历非常辛酸、漫长而痛苦的过程。正如孟子所言：“天将降大任于斯人也，必先苦其心志，劳其筋骨，空乏其身，行弗乱其所为，动心忍性，增益其所不能。”任何事业的建立都要经历千磨百难，才会有所成就。成功是一个不容易的、痛苦的过程。但失败却是非常的轻而易举。有很多百年基业，一朝不慎，忽喇喇似大厦倾，一瞬间就毁掉了。市场是无情的，也是残酷的，它是不以人的意志为转移的。在市场上，适者生存。企业公平竞争，合理进退。能适应，就在市场的浪潮下搏击冲浪，扬帆济海；不能适应，就被市场的巨浪击得粉碎，死无葬身之地。所以，有些企业感到压力了，便要以身试法，干那违法犯禁的生意。殊不知，市场无情，国法更无情，一旦堕入犯罪的深渊，想拔也拔不出来了。不管罪恶的魔爪伸得有多远，伸到哪里，天网恢恢，疏而不漏。人心似铁，官法如炉。再怎么艰难，也不能挑战国法，君不见，多少高官马下落，多少富豪阶下囚。皆因为那一念之差，让自己身败名裂，辛辛苦苦挣下的基业和家财一朝丧尽，悔之晚矣！

善化不足，恶化有余[1]。水太清则无鱼，人太察则无谋。知者减半，愚者全无[2]。在家由父，出嫁从夫[3]。痴人畏妇，贤女敬夫[4]。

【注释】

[1] 化：感化，使变化。

[2] 知者：智者，聪明的人。

[3] 从：听从，服从。

[4] 痴人：傻瓜。妇：妇人，这里指妻子。

【译文】

如果善性对你的感化不够，那么恶性对你的影响就会变本加厉。水过分清澈就养不活一条鱼，人过分明察就没有人为你出主意。世上的聪明人如果减少一半，那就找不到一个愚蠢的人了。女人在家里听从父亲，出嫁后服从丈夫。傻瓜才怕老婆，贤惠的女人尊敬丈夫。

【赏析】

“无过，无不及”是一种状态，做事、说话恰如其分，恰到好处，保持中庸之道，不偏不倚，这是儒家的做事准则。关心别人恰到好处，帮助别人恰到好处。如果行善，不能够达到感化别人的目的，那么你的善意很可能被对方看成虚伪，从而对你有更恶意的攻击。而如果对对方太过殷勤，好得过分，那么也会招人的反感，现在有很多销售人员殷勤得过分，让人感到厌恶。这种殷勤虽

说是对人好，却也是一种极端的表现。做人太极端了，便会让人感到不正常。“人至察则无徒”有的人做事过于严格，一丝不苟，结果亲近他的人反而越来越少，为他出谋划策的人就更少了。因为对细节的过度关注，会让人觉得精神紧张、心胸不畅，感觉压抑。越是追求完美的人，其实自己本身就是最不完美的；越是苛求别人的人，其实自己本身就是苛刻的人。过于苛刻是没有容人之量的体现。“金无足赤，人无完人”，不懂得宽容的人，生活是不可能和谐美满的。

至于“在家由父，出嫁从夫。痴人畏妇，贤女敬夫”，是典型的封建道德规范，这种思想是对女性的禁锢，反映的是封建社会男尊女卑的夫权思想。是束缚妇女的精神枷锁，并不符合现代社会的发展观念，应该摒弃。女性的智慧并不输于男性，古代的女才子如薛涛、谢道韫等，女将如花木兰、梁红玉等。现在女性更是在社会上扮演着重要作用，很多政府要员、集团领导都是女性，所以有人说“这个世纪将是女性领导的世纪”。那种鄙视女性的封建思想早该随历史一起湮灭在垃圾堆里了。

是非终日有，不听自然无。宁可正而不足，不可邪而有余[1]。宁可信其有，不可信其无。

【注释】

[1]正：正直。不足：不富足。邪：邪恶。有余：富足。

【译文】

是非每天都有，如果不听就都不存在了。宁可做正直的人而生活贫困，不要做奸邪的人而生活富足。有些事宁可信它有，不要轻易相信没有。

【赏析】

正直的人在社会中永远都是被人尊重的，在与别人相处时，要安守本分、坦荡为人。是是非非总是有的，我们不能轻信流言，要坚持走自己的路，让那些空穴来风的事情随风而去吧。对于道听途说的事，我们也要保持一颗清醒的头脑，提高警惕，在不能证实它是否是真实的情况下，还是暂且相信它是存在的吧，但同时也要加以防范。上天总是保佑善良人的，那些邪恶之人，尽管一时顺利，但恶果终究要自己承担，报应迟早会降临到他的头上的。

竹篱茅舍风光好，僧院道房终不如[1]。命里有时终须有，命里无时莫强求。道院迎仙客，书堂隐相儒[2]。庭栽栖凤竹，池养化龙鱼[3]。

【注释】

[1] 僧院道房：僧人道士住的地方。

[2] 道院：道人所居之处。书堂：读书的房间。隐：隐居。相儒：指有宰相之才的读书人。

[3] 栖：停留、居住。庭园里栽着能停留凤凰的竹，池塘里养着能够变龙的鱼。比喻富有。

【译文】

简陋的竹篱笆茅草屋风光无限好，僧人道士居室怎能比得上它。命里该有的早晚会得到，命里没有的不要去强求。寺院迎接的是有仙气的游客，书斋里隐居的是未来的宰相。庭院里栽种凤凰栖息的树，池塘里养育将化为龙的鱼。

【赏析】

人的生活离不开环境，每个人对环境有不同的看法与选择．而不同的选择又能体现出人的意趣。竹篱茅舍，体现了主人的朴素与风雅。栽花种竹，养鹤赏鱼，这种幽雅清净的环境营造出了一种安静恬淡的氛围，这种氛围能够陶冶人的身心、塑造人的气质，这与那雕梁画栋、青砖碧瓦、庄严肃穆的寺院道观是不同的。晨钟暮鼓，黄卷青灯的生活怎么能与悠闲自得的竹篱雅院生活相比呢？但无论人们选择什么样的环境，什么样的生活方式，都不能逃脱命运。对已定的命运，我们不要在意，相信该有的总会有，没有的强求也无用，只要生活得幸福、快乐就好。

结交须胜己，似我不如无[1]。但看三五日，相见不如初[2]。人情似水分高下，世事如云任展舒。会说说都市，不会说说屋里。

【注释】

［1］胜：超过，胜过。似：相似。

［2］但：只要。初：初相识的印象。

【译文】

交朋友要交胜过自己的人，与自己差不多的朋友不如没有。往往同友人交往三五天后，见面的印象就不像刚见时那么好。人的情意像水一样有高有下不必去计较，世上的事像云一样听凭它变化去罢。会说话的人讲的都是大城市里的大事，不会说话的人讲的都是家前屋后的琐事。

【赏析】

交友和识人永远是人们涉世和提升自我所必须掌握的一门学问。交友必须要有选择性，而不能盲目地乱交。交友很易，因为狐朋狗友比比皆是；交友很难，因为良友益师并不多见。人需要进步，而那些水平与自己差不多的人对自己的提高是没有多大帮助的，所以这些人也不需要去结交。对于如流水般的人情，我们也不要去计较，任之来任之去吧，我们应该把精力用在提高自己的知识水平、社会阅历上来，使自己的知识丰富、思维敏捷，成为一个能谈论国家政治，并有独到见解之人。

磨刀恨不利，刀利伤人指[1]。求财恨不多，财多害自己[2]。知足常足，终身不辱[3]。知止常止，终身不耻[4]。

【注释】

［1］利：锋利。

［2］求：谋取。恨：怨恨。

［3］知：懂得。足：满足。

［4］知止：知道适可而止。

【译文】

磨刀时唯恐磨不锋利，可是刀太锋利却容易伤人手指。追求钱财时唯恐不多，可是钱财多了反会害了自己。懂得满足现状就经常感到满足，懂得适可而止就不会招来耻辱。

【赏析】

矛盾是永远存在的，物极必反是常有发生的。对事物的执着追求，精神是可嘉的，但总要有一个限度。如果过度执着，那结果将适得其反。钱财这类吸引人眼球的东西，我们更要适可而止。人们总是恨其少，永无止境地追求，助长了自己的贪婪之心，招来了麻烦，结果树大招风，灾祸也将接踵而至。这就要求我们当止则止了。荣誉也是如此，对它过分地追求，则反会遭到污辱了。见好就收，拉弓莫太满，永远是持盈保泰的最佳方法。

有福伤财，无福伤己[1]。差之毫厘，失之千里[2]。若登高必自卑，若涉远必自迩[3]。三思而行，再思可矣[4]。

【注释】

[1] 有福：有福的人。无福：无福的人。

[2] 差：相差。毫厘：形容微小。

[3] 卑：低。迩：近。

[4] 再思：思考两次。

【译文】

遇到危难时有福的人只损失钱财，没有福的人就会伤害到自己。有时出了一毫一厘的差错，离正确的目标会失之千里。如果要登到高处必须先从低处开始，如果要走向远处必须先从近处起步。人们常说想三次而后行事，其实想两次就足够了。

【赏析】

做事情之前，人们要首先深思熟虑，做出周密的计划，然后才可以一步一步地执行。事情是否可行？它将会造成什么样的结果和影响？这些都是做事之前需要思考的。无论是思考两次还是三次，在决定之前一定要慎重，以免因一时冲动或考虑不周做出令自己后悔的事情。真理和谬误往往只有一步之遥，一时的疏忽可能造成无法挽回的损失。在事情的进展中前进，我们更需要加倍地努力，步步为营，一步一个脚印地向着宏大的功业前行。

使口不如自走，求人不如求己[1]。小时是兄弟，长大各乡里。嫉财莫嫉食，怨生莫怨死。

【注释】

[1] 使口：开口支使人。

【译文】

支使别人不如自己去做，求别人办事不如自己去做。小时候是亲密的兄弟，长大以后各住他乡不相往来。可以厌恨钱财不要厌恨食物，可以抱怨生者不要抱怨死者。

【赏析】

我们做任何事情的时候，不要依赖他人，只有自己的事情自己做，做成之后才会有成就感。让他人替自己办事，总是会有弊端的，因为别人完成的事不一定符合自己的心意；另外，求人的同时可能也需要你付出一定的代价，或者使你欠别人一份情意，这总归是不好的。

还有，人生之事，十有八九不如愿，当事与愿违时，也不应该怨天尤人、悲观失望，失落之事总是常有的。少年时乡邻，长大后各奔东西、各自成家，我们要顺其自然，不怨生者，不怨死者，豁达开心地生活。

人见白头嗔，我见白头喜[1]。多少少年亡，不到白头死。

【注释】

[1] 嗔：怒、生气。

【译文】

别人看见自己生了白头发就生气，我见到自己生了白头发却很高兴。因为世界上多少人年轻轻就死了，他们没有等到头发白了就离开了人世。

【赏析】

面对镜子，发现一根白发，便叹息着把它拔下，感叹自己年纪又大，老将至矣。其实，人们大可不必如此，身体衰老，是不可抗拒的自然现象。上天赐给人类的，只不过几十个春秋而已，我们还未尽享青春年少之乐，银丝已经出现在了我们的头上，身体也逐渐衰老，人们便着急、生气。但是，只要我们想想那些未及白头就英年早逝的人，我们就应该感到庆幸，感谢上天对自己的眷顾。老年将至并不可怕，因为此时的我们最富有，我们有成熟的见解，在做人做事各方面也更稳重老练，这难道不值得我们称贺吗？

墙有缝，壁有耳。好事不出门，恶事传千里。

【译文】

墙壁都有缝隙，墙壁后面都有耳朵在偷听。好的事不出屋门，坏的事却传出千里。

【赏析】

“要想人不知，除非己莫为”。不要以为事情做得很隐秘就会神鬼不知，殊不知，没有不透风的墙，纸终究是包不住火的，任何事总会有暴露的一天。暗室私语，天若闻雷，即使欺骗了世人，也无法欺骗上天，欺骗自己的良心。

好事永远都是难以为世人所知的，大概是人们认为这是正常之举而没有宣扬的意义吧。而坏事，则是人们所厌恶的，是人们无法容忍的，善人们必传之而灭之，小人们则借此来贬低别人抬高自己。总而言之，做了坏事，是瞒不过众人双眼的，是没有好下场的，所以，人们还是应谨慎安分为妙。

贼是小人，知过君子[1]。君子固穷，小人穷斯滥矣[2]。贫穷自在，富贵多忧。不以我为德，反以我为仇。宁可直中取，不向曲中求[3]。

【注释】

[1] 知：通“智”，智慧。

[2] 固：固守。斯：这个。滥：过度，这里意为胡作非为。

[3] 直：正直，光明正大的方式。曲：弯曲，歪门邪道。

【译文】

偷东西的贼是卑贱的小人，其智慧有时可以超过高尚的君子。高尚的君子能在贫穷中坚持操守，卑贱的小人在贫穷中就会无所不为。贫穷的人自由自在，富贵的人却有无穷的忧虑。做了好事不感激我，却把我看作仇人。宁可按正当的方式取得少，决不按不当的方式取得多。

【赏析】

君子和小人贫穷与富裕是人们永远讨论的话题。安贫乐道、人穷志短，是君子和小人的最显著的区别。当面对贫困时，便可以检验出一个人的道德是否真正高尚。智商的高低，不是君子和小人的主要区别，小人的才智往往不亚于君子，只是缺乏高尚的道德，没有道德的约束是非常危险的，一旦用于邪路将会给社会带来极大的危害。贫穷也不是最可怕的，可怕的是为了摆脱贫困而做出的种种有悖伦理、败坏道德的事情。身处困境，而内心充实，思想丰富，是能乐于向道而不改其乐，这才是有气节的君子，为富贵而采用不正当的手段，这种人早晚受人唾弃。

人无远虑，必有近忧。知我者谓我心忧，不知我者谓我何求[1]？晴天不肯去，直待雨淋头。成事莫说，覆水难收[2]。

【注释】

[1] 知我：了解我。心忧：内心忧愁。

[2] 覆：倒掉。

【译文】

人没有长远的考虑，一定有眼前的忧患。知道我的人说我心中忧伤，不知道我的人说我在寻找什么东西。晴天时不肯出行，到出行时赶上大雨淋头。已经做成的事就不要再去劝说，已经泼出的水绝对收不回来了。

【赏析】

深谋远虑，高瞻远瞩，英明决断，是成就一番事业的必要因素。做大事，如果没有远见就会盲目，没有长远的打算，就必然会遇到困难和问题。把握全局，对事情有深刻的了解，这样才能确定事情的发展方向，才能使事情在发展的过程中不出现偏颇。同时，也要把握好时机，只要以敏锐的眼光洞察了事物的关键，就应当当机立断，不要错过最佳时机。时机是不会第二次出现的，优柔寡断，晴天也犹豫不出行，一定会遭雨淋。错过机会，往往就是错过了发展的时机，这样的话很可能就会导致事情发生转折，甚至由顺变逆。还有，人的精力是有限的，不能把精力全部分散开来，所以，我们应该拒绝做一些无关紧要的琐碎小事，否则，事必躬亲的话，最终会被琐碎事所耽搁的。

是非只为多开口，烦恼皆因强出头[1]。忍得一时之气，免得百日之忧。近来学得乌龟法，得缩头时且缩头。惧法朝朝乐，欺公日日忧[2]。

【注释】

[1] 为：因为。强：强求，逞强。

[2] 惧法：惧怕法律。法，法律。朝朝：天天，每天。欺：欺侮。公：公德，公众。

【译文】

惹出是非只因为多讲话，遇到烦恼都因为逞强出头。忍住一时的气，就能免除百天的忧愁。近来学到乌龟的活法，能缩头的时候就缩头。知道惧怕法律每天都会过得快乐，损公肥私每天都会过得不快活。

【赏析】

“病从口入，祸从口出”。嘴是用来说话的，但如果管理不好，会给自己招来许多不必要的麻烦。是非在生活中是常有的，但更多的是非却是因为自己多事而自找的。遇事好逞强，有事强出头，这样的人往往会成为人们攻击的众矢之的。忍耐，进退有度，既是避免麻烦的方法，也是一种良好的处世态度。乌龟，是人们骂人的词语，但它的行为对人类也是很有借鉴意义的，能伸头、能缩头，躲在硬硬的壳里，任外边风吹雨打，任人们任意辱骂，任他人肆意凌辱，任世人冷嘲热讽，任人唾弃，我自泰山崩于前而面不改色，我行我之道。这是何等的胸襟！这是何等的气魄！这是何等的修养！这是何等的伟大！这也正反衬了那些辱骂他人、辱骂乌龟的人，他们是何等的愚蠢！何等的痴愚！他们是远远不能和乌龟相比、相提并论的。

人生一世，草木一春。黑发不知勤学早，转眼便是白头翁[1]。月过十五光明少，人到中年万事休[2]。

【注释】

[1] 黑发：年轻时。

[2] 少：指月光黯淡。休：停止。

【译文】

人只能活一辈子，草木只能生长一个春天。头发黑时不知勤奋学习，转眼间就成了白头翁。月亮过了每月十五就一天比一天暗淡，人到了中年就什么事也办不成了。

【赏析】

无论仁人志士还是将相帝后无不感慨时光易逝。是的，人生短暂，如白驹过隙，如朝露待日晞，如流水不返，在转瞬即逝的生命中，人们往往没有过多的时间去思考人生，去思考将何去何从，更没有多余的时间让你去任意挥霍。纵是长久的生命，也不过百年，而百年、甚至千年，在宇宙中只不过转瞬即逝。人若了解了这些，那么还有什么理由虚度光阴呢？人的一生中，青少年时代是最美好、最值得留恋的，这也正是学习、创业的最佳时机，抓住了这段光阴，你人生之伟业已成功了一半。人若珍惜自己，则要珍惜自己的青春，珍惜它的每一分、每一秒，否则当它离你而去的时候，遗憾将是你心中一抹永远不能擦去的阴影。人们称赞老年人的沉稳与老练，但这些成熟无不来自于青年时代的磨练和积累，浮躁而空虚的青春是不会有精彩的人生的。

儿孙自有儿孙福，莫为儿孙作马牛。人生不满百，常怀千岁忧[1]。

【注释】

［1］怀：感怀。千岁：形容时间长久。

【译文】

儿孙们自会有他们的福份，不要为儿孙操劳甘当马牛。人的一生不到一百岁，却常常为千年后的事担忧。

【赏析】

人类的延续，是因为能够生儿育女。儿女的出世，打破了父母原来的平静生活，生活的重心也逐渐转移到儿女身上来，儿女在父母眼里，是未来的希望，是快乐的源泉，是担忧的根本，是受累的包袱。但无论是苦是甜，是喜是累，父母都是心甘情愿的。孩子从一出生的蹒跚学步，到成家立业，无论年龄多大，他们在

父母眼中都是孩子，他们的一举一动都是父母所关心的，等到孩子真的已经成长起来，不再用父母为之操心的时候，孩子又有了子女，父母又开始了新一轮的操心。这就是作为父母的命，也是我们每个人的命。其实这样做父母是大可不必的，儿辈、孙辈各有各自的福分，我们不要为他们做太多的担忧，不要打算为他们遮风挡雨一辈子，只要用自己的经验或教训去教导他们、指引他们就行了，让他们自己去走自己的路，去掌握自己的命运，这就足够了。用短短百年的生命去担忧几代人的幸福，这是不明智的。

今朝有酒今朝醉，明日愁来明日忧[1]。路逢险处须回避，事到头来不自由。药能医假病，酒不解真愁。

【注释】

［1］今朝：今天。忧：担忧，考虑。

【译文】

今天有酒今天就饮个大醉方休，明天有愁事明天再去考虑好了。走路遇到险阻应当回避，事到临头就由不得自己了。药物只能医治假病，饮酒不能消解真愁。

【赏析】

人生难免会遇到发愁的事情，遇到愁事，大多数人会选择借酒浇愁。愁，往往是心灵上的创伤，酒，只能麻醉神经。而且，仅仅也是短时间的麻醉而已，心灵的创伤又怎么能够用麻醉神经来解决呢？暂时的忘记，醒来依旧要面对；暂时的躲避，终究还是无法逃脱的。所以酒是无法解决问题的，有时甚至会使事情变得越来越复杂、越来越糟糕，从而错过最佳的解决时机。只有坦然面对、正视问题，不逃避、动脑筋、想办法，抓紧时间、抓住时机解决问题，莫要到了不可收拾的地步才想办法。这就如同人

行路一样，平坦大道，畅通无阻，我们直面向前。遇到高山悬崖、陡峭山路，泥沼大泽等危险境地，我们最好要远远避之。面对困境，我们要及早打算，永远保持一种积极向上的心态，因为这种心态能使我们从容面对困难，自我排解烦恼，使人能够化险为夷，使问题能够迎刃而解。

人贫不语，水平不流[1]。一家养女百家求，一马不行百马忧。有花方酌酒，无月不登楼[2]。三杯通大道，一醉解千愁[3]。

【注释】

[1] 不语：不敢随便说话。

[2] 酌酒：斟酒，喝酒。

[3] 通：通晓。大道：高深的道理。

【译文】

人穷了就不多讲话，水平了就不乱流动。一家养了女儿百家都想来求婚，一匹马不能行走，百匹马都忧愁。有鲜花才有饮酒的兴致，没有月亮哪有登楼的雅兴。饮酒三杯自能通晓高深的道理，醉倒一次无数的忧愁都会消解。

【赏析】

水，平静了就不会流动，就不会形成对堤坝的冲击力，不会造成危害。一个人，如果生活十分贫困的话，那么，生活的压力就会使他们形成在苦难中默默挣扎的心态，当他们的痛苦无法用语言来表达、无人理解、无人分担时，他们只有在沉默中独自承受着生活的苦难。

在古代社会，女儿在家习女红，大门不出，二门不迈，人们无法知道她们的真面目和才德，只有通过别人来了解。但是，无论了解一个女子多么困难，出色的女子多数还是名不虚传的，也是人们所心仪追求的对象。

酒能助兴，也可扫兴。文人雅士喝酒十分讲究。他们讲究在良辰美景之时饮用，在百花丛中，品一壶酒，喝到微醉之时，对人生的感悟就受到了激发。在醉中，体会到了天地的广大，感受到了文思如泉涌，这是饮酒的最佳境界。三杯酒最妙，再多就过犹不及了，除非是遇到忧愁烦恼的事情，借酒来解愁，烂醉一番，这也无妨了。

深山毕竟藏猛虎，大海终须纳细流[1]。惜花须检点，爱月不梳头[2]。大抵造他肌骨好，不擦红粉也风流[3]。

【注释】

[1] 纳：接收，容纳。

[2] 惜花：爱花。检点：注意约束自己的言行。

[3] 大抵：大概。红粉：女子化妆用的胭脂水粉。

【译文】

深山里必定藏着猛虎，大海终会收纳细小的溪流。爱惜鲜花就要注意自己的行为不要碰它，爱好月亮即使蓬头垢面也无妨。大概是父母生她的肌肤体态好，不用搽脂抹粉也俏丽风流。

【赏析】

海，之所以无边无际、宽阔广大，是因为它不拒绝每一条细流的注入。宽阔的胸怀，成就了海的宽广，人若比海，做到坦坦荡荡，胸怀天下，那么必须要有容人之量，能听得下别人的意见，有清浊并容的气度。斤斤计较，吹毛求疵，是很容易让人陷入困境的。既不能因为自己的清洁而责怪别人的污浊，也不能因为自己的污浊而笑话他人的清洁。容人，容天下人，容天下难容之人，这样才能被天下所容，从而成就一番伟业。

有品质的东西，是不需要包装，是不需要刻意装饰的。芙蓉出水，清新自然，并不是芙蓉的刻意追求，而是将其自然之美呈现给了世人；人也一样，胭脂、红粉包裹下的女子，给人总是一种虚假美，如果女子真漂亮、美丽，肌肤白嫩光滑，那么又何必涂上一层厚厚的面具把自己遮盖起来呢？越是自然、越是真实的东西是越美的。

受恩深处宜先退，得意浓处便可休[1]。莫待是非来入耳，从前恩爱反成仇。

【注释】

[1] 宜：应当。浓处：程度深。休：停止，罢休。

【译文】

受到恩宠多了就该懂得及时引退，事业上十分得意时就该适可而止。不要等到矛盾是非都传到你耳朵里，那时从前的恩爱都变成怨仇。

【赏析】

"物极必反"，无论在古代的中庸之道中，还是在现代的哲学体系中都是一条不变的真理。万事万物在达到极致之后，必然会走下坡路。人在穷困、呼天喊地的时候，急切地希望别人的恩惠和帮助。当别人的恩惠能够使自己摆脱穷困的时候，就应当停止接受。恩惠太多，就会超出自己的需要，会使自己在物质或心灵上背上沉重的负担，物质好还，情义却难报。受恩要可止则止，尤其在志得意满之际更应懂得，因为在这个时候人往往会生出骄傲的情绪，言语不能自控，举止也会出现失态，这也是日后衰败、罪孽缠身的祸根。

可止则止，是避免灾祸的法宝；莫听是非，也是避免灾祸的方法。人生在世，是是非非总是有的，有事实，也有讹传，无论是真是假，总会给人造成伤害，给本来亲密的人造成隔阂，尤其是那些存在利害关系或感情不牢靠的人更应该注意。人，最重要的莫过于相互信任、相互尊重，以此为基础，多沟通、多交流、以诚相待，不让闲言碎语有可乘之机，这样就能破除流言，安定生活。

留得五湖明月在，不愁无处下金钩[1]。休别有鱼处，莫恋浅滩头[2]。

【注释】

［1］下金钩：钓鱼。金钩，钓鱼。

［2］休别有鱼处，莫恋浅滩头：不要离开有鱼的地方而贪恋浅水滩头，浅水滩头是无鱼可钓的。休：不要。

【译文】

只要能留得住五湖上的明月，就不愁没有地方隐居垂钓。不要轻易离开有鱼可钓的地方，不要贪恋水浅安全的滩头。

【赏析】

“此地不留爷，自有留爷处”。这句话虽是戏语，但却表达了一种豪放、乐观的人生态度。人生之路，不一定是平坦的大路，一定会遇到弯曲甚至坎坷的小路。碰到困难，碰到挫折，一切起起伏伏、风风浪浪都是正常的。这时，我们一定要坚定自己的信念，把目光放长远些，一如既往、万难不屈。此理如同钓鱼之理一样，五湖明月，无处不是可钓鱼之处，人生也处处不青山。“天生我才必有用”，一个人来到世上，必然有他的用武之地，但前提条件是选择好有利于自己、适合自己发展的条件和机会。人生可以收获的地方固然很多，但一定有收获多少的区别，对于适合自己发展的机会一定要抓住，而不适合自己的，则要敢于放弃。这也同钓鱼之理一样，浅水滩头，固然安全，没有风险，但钓的鱼一定是很少、很小的，不是钓鱼的好去处，要想钓得大鱼，就不要太贪恋安逸，要有一点魄力和吃苦的精神，这样才能有大收获、大回报。

去时终须去，再三留不住。忍一句，息一怒；饶一着，退一步[1]。

【注释】

［1］饶：让。

【译文】

该去的东西终究要离去，再三挽留也是留不住的。忍住少说一句话，压住一次怒气，下棋让人一着，遇争执退一步。

【赏析】

“宠辱不惊，任凭庭前花开花落。去留随意，闲看天上云卷云舒”。这是一种为人处世的心态。做人、处世，确实应该如此，要永远保持一颗平静的心，一种平和的心态。人生之中的事情，谁也不知道下一时要发生什么，青春即逝，生老病死，我们无法预知，我们无法控制，我们无法左右。去的终究要去，如同花开必定要花谢一样，如同树叶必定要飘落一样。当朋友、夫妻、父子、母女缘分已尽，我们已无法做出挽留和改变时，我们不必强求，不如大方地握握手道声再见。“命中有时终须有，命中无时莫强求。”顺其自然，轻松坦然，焉知明天不会更好？得失也是如此，我们也不必为一些细枝末节斤斤计较。

人与人之间相处接触，难免会产生摩擦，而避免摩擦扩大化的法宝只有一个，就是“忍”。忍了，自己会吃一些小亏，但却避免了更大的损失，也许会收到意想不到的巨大收获，多想一下别人，多理解一下别人，便能多一点宽容，少一些摩擦，使人际关系更融洽。

三十不豪，四十不富，五十临近寻死路[1]。生不论魂，死不认尸。一寸光阴一寸金，寸金难买寸光阴。

【注释】

[1] 豪：豪杰，有杰出才能的人。这里指自强自立。

【译文】

三十岁不能逞英豪，四十岁不能成巨富，五十岁就临近死亡线了。活着不认识魂灵，死了不认识尸体。一寸光阴如同一寸黄金那样珍贵，一寸黄金难以买到一寸光阴。

【赏析】

前苏联作家尼古拉·奥斯特洛夫斯基曾写道："人，最宝贵的是生命，生命对每一个人来说都只有一次。人的一生应该这样度过：当他回首往事的时候，不因虚度年华而悔恨，也不因碌碌无为而羞耻，在临终的时候，他能够说：'我已把自己的整个生命和全部精力献给了世界上最壮丽的事业——为人类的解放而斗争。'"

的确，人生之路几十年，看似漫长，实为短暂，回首过去，青春年华早已不再，留给自己和世人的，却只有一片空虚。三十岁，依然没有什么建树，依然唯唯诺诺地为生存而奔忙，那么他三十岁之前的生命就是浪费了；到了四十岁，依然不能富甲一方，那么他四十岁之前的生命就浪费了；等到了五十岁，依然不豪不富，那么他的这一生将没有什么希望了。这对年轻的人、蹉跎的人来说，既是肺腑之言，又是诚恳的忠告。光阴如流水，流去则不会回来，这正是它的可贵之处。有人把它比作黄金，说"一寸光阴一寸金"，但黄金散去可再来，光阴却不再重来。

所以，我们无论三十、四十、还是五十，都应该从现在开始，珍惜所拥有的，努力创造我们还没有的，活出一个精彩的人生。

父母恩深终有别，夫妻义重也分离。人生似鸟同林宿，大限来时各自飞[1]。

【注释】

[1] 宿：住，居住。大限：生命的极限，指死期。这里指大难。

【译文】

父母的恩情再深终究要与你分别，夫妻的情义再重难免一朝分手。人们生活像鸟儿在一树林中居住，大难来临时各自逃离飞去。

【赏析】

感情，是人际交往中最不可捉摸的东西，有时候，我们往往认为最牢固、最能依赖的感情也会在事实面前变得脆弱不堪。生死、利益，各种各样的因素时刻考验着我们的情感。建立、崩塌、再建立，感情就这样不断地重复、轮回，我们也不断地重复着自己的生活。

人生总要面对许多无奈，受伤在所难免，但难过之后我们还要继续生活。父母给予我们生命，是我们心灵的寄托。但是求学、工作、成家，必将使我们离开父母的怀抱，岁月也将使父母最终远离我们而去。这些都是我们无法改变的，永远的分离是我们最大的悲痛，这是对我们感情的最沉重的打击。打击再沉重，我们终究也还是需要从悲痛中走出来，继续我们的生活。

相对来说，夫妻之情也许会比父母之情更长久一些，在夫妻共同生活中，我们相互扶持，共同承担，患难与共。但随着时光的流逝，当初的情感也许逐渐减淡，走向平和，又有可能存在外来因素的介入，使本认为牢固的感情出现裂痕并逐渐扩大，最终无可挽回地失去，最后劳燕分飞。其实，生老病死、分合别离都是很正常的现象，拥有时，我们珍惜；失去时，我们也不必强留。潇潇洒洒、快快乐乐地生活就是我们成功的人生。

人善被人欺，马善被人骑[1]。人无横财不富，马无夜草不肥[2]。人恶人怕天不怕，人善人欺天不欺。善恶到头终有报，只争来早与来迟[3]。黄河尚有澄清日，岂可人无得运时[4]？

【注释】

[1] 善：善良。这里有软弱的意思。

[2] 横财：意外得来的钱财，多指用不正当手段得来的。

[3] 报：报应。佛教用语，原指种善因得善果，种恶因得恶果，后来专指后者。

[4] 尚：尚且，还。岂可：怎么可能。

【译文】

人太善良常被人欺负，马太温顺易被人来骑。人没有不义之财不会暴富，马不吃夜草不会长得膘肥体壮。一个人凶恶，人们怕他，天却不怕他；一个人善良，人可能欺负他，天却不会欺负他。不论行善还是作恶到头来都会有报应，只是来得早来得迟罢了。黄河的水还有澄清那一天，怎能说一个人永远不会交好运呢？

【赏析】

世间之人是分善恶的，善良的人诚实守本，按部就班，遵纪守法，不触犯法律规范，不思损人而利己之事情，这样的人在一些人眼里认为是“弱小”的，因此常常被一些人所欺侮，把他们当成温驯的马匹任意骑跨、任意使唤。与善良的人到处被人欺负相对比，那些凶恶之人到处行凶，横行霸道，欺压良善，欺负弱小，无人敢惹，人见人怕。

实际上，这些都是表面现象，苍天有眼，上天永远是公正的。恶人人见人怕，而老天却不怕他；善良的人处处遭到欺负，而老天却是不会欺负他的。正所谓“恶有恶报，善有善报”“为善不见其益，如草里冬瓜，自应暗长；为恶不见其损，如庭前春雪，当必潜消”。

万事万物都有一个积累的过程，为善之人，也许受了一点损失，吃了一点亏，但这一点一滴的善行也许就是你时来运转的契机。作恶之人，表面上是占了一些便宜，但请相信，天网恢恢，疏而不漏，点点滴滴的罪恶都已被上天记录在册，只要时机一到，他们必将受到上天的严惩。

得宠思辱，安居虑危[1]。念念有如临敌日，心心常似过桥时[2]。英雄行险道，富贵似花枝。人情莫道春光好，只怕秋来有冷时。送君千里，终须一别。

【注释】

[1] 宠：宠爱，偏爱。辱：受到侮辱。

[2] 念念：连续不断的意念。心心：一心一意。过桥：这里指过独木桥。

【译文】

得到宠爱时要想到可能受侮辱的时候，处在平安的境地要想到可能处于危险的情况。思想永远应像大敌当前那样慎重，心情永远应像过独木桥那样谨慎。英雄始终在艰险路上闯荡，富贵如同花在枝上难久长。人情不会永远像春光那么美好，只怕会遇到秋天寒冷来临。送人送出千里，终究还要分别。

【赏析】

变化，是事物最基本的特征。常存应变之心，是一个人在社会上立于不败之地的法宝。恩宠，是作为下属都想得到的东西，恩宠达到了极点，你就要考虑它是否将要发生转化。

人的境遇，变化无常，存在旦夕祸福，存在平安危险，危机有时候是突然发生的，如果没有应变之心，那么在危险突然来临的时候就会不知所措，自乱阵脚。那么，如何来化解危机呢？高瞻远瞩，未雨绸缪，居安思危，退一步想，朝远处望，无论身居朝堂，还是主持家务，都应在安逸中做好面对突变的准备，否则时移事易，只能凄凉以对了。

另外，是非、人情、财富、功名，一切一切都是如此，都会发生变化的，它们转瞬即逝，转眼又来，我们要知道，一切该来的都会来，该走的都会走，一切都是再自然不过的了。送别的时候送得再远，也终有分手的那一刻。看透生死，看破成败，看破富贵，才可获得非凡的智慧，使自己在精神上得到永生。

但将冷眼观螃蟹，看你横行到几时。见事莫说，问事不知。闲事休管，无事早归。

【译文】

只用冷眼看螃蟹，看你能横着爬到什么时候。看到什么事不要说出来，问你什么事都说不知道，任何闲事都不要去管，没有事做及早回家去。

【赏析】

人世间是险恶的，处处都有危险存在，能够保护好自己是人们所追求的。实际上，许许多多的危险都是自己招惹上身的，遇到一件事情，不管和自己有没有关系，都上前去打探一下，甚至去蹚一下这浑水，这是为明智之人所讥笑的。

明智之人每遇到这种事情时，都会旁若无人地从旁边走过，“见事莫说，问事不知。闲事休管，无事早归”，因为世间之事多是自己力所不能及的，如果你再插手此事，无异于以卵击石，不但不会解决问题，还可能会使事情更加糟糕、更加恶化。我们只能以一种“尝将冷眼观螃蟹，看你横行到几时”的心态去面对，相信恶人自有恶人磨，或者以退为进，积蓄力量，以备将来一举将其打倒。

认清自我，不要没事找事，看清世事的险恶，看透人生的起伏，躲在一个宁静的港湾里，任外界风吹浪打，惊涛骇浪，一切顺其自然，这才是明智之人的选择，因为这既保护了自己，又可平息事端。

假缎染就真红色，也被旁人说是非。善事可作，恶事莫为[1]。许人一物，千金不移[2]。

【注释】

[1] 为：做。

[2] 许：许诺。移：改变。

【译文】

假的绸缎即使染成真的红色，也会遭到人们品评非议。行善的事可以做，作恶的事不能干。答应送别人一件东西，有人出千金来换也不能变。

【赏析】

真诚善良才能赢得他人的友谊，坚守承诺才能赢得他人的信任，诚实守信是我们为人处世的首要原则。

“路遥知马力，日久见人心”。这句话虽在一方面肯定了真诚的行为终有一天会被他人所感知或是理解，但同时也表达出了另一个意思，即

虚伪的东西终有一天会暴露其丑陋的本来面目，即使在此刻看来光鲜亮丽、明艳动人。就像作者说的“假缎染就真红色，也被旁人说是非”，假的就是假的，即使披上再华丽的外衣也不会改变其本质，就像一匹凶恶的狼，披上了温柔的羊皮也不可能改变其残暴的本性。

因此，你如果想要得到他人的信任，得到他人满心的尊重，就必须找回自己的本真，用善良宽大的心去待他人，用真诚的行为去感染他人，只要心地纯然，即使他人颇多微辞，又何必去在意呢？

“君子一诺千金”。信守诺言不仅是一种高尚的品德，也是任何一个想要成功的人所必须坚持的信条。因为不管你想成就多大的事业，都必须要有他人的信任、支持，亲人、朋友、同学、领导、下属这些生活中看似平平常常的人们，却往往是我们成功路上不可或缺的人物。他们或给予我们动力，或给予我们支持，或给予我们理解，或给予我们帮助，但这些善举的前提是他们得对你有足够的信任与承认，而信任与承任的前提就是你信守诺言。因为从没有一个人会把自己的感情、真心、利益放到一个背信弃义的人身上。

“人无信不立”，没有了信义，无论在哪里，你都没有立足之地，“言必行，行必果”是处世和做人的重要前提。

龙生龙子，虎生虎儿。龙游浅水遭虾戏，虎落平阳被犬欺[1]。一举首登龙虎榜，十年身到凤凰池[2]。十年寒窗无人问，一举成名天下知[3]。

【注释】

[1] 戏：戏弄，捉弄。平阳：泛指平原。

[2] 龙虎榜：泛指科举考试中公布中举者的榜文。凤凰池：魏晋时中书省，掌管一切机要，因接近皇帝，故称“凤凰池”。此处指皇帝身边的机要部门。

[3] 寒窗：指在寒窗下苦学。

【译文】

龙生的儿子是小龙，虎生的儿子是幼虎。龙游到浅水滩会遭到小虾戏弄，虎到了平原上会受到小狗欺负。一旦在科举考试中名登进士榜，十年之后就能在朝廷出任高官。十年在寒窗下苦读无人理睬，一旦榜上有名天下人就都知道你了。

【赏析】

“久旱逢甘霖，他乡遇故知，洞房花烛夜，金榜题名时。”这四件事被古人誉为人生四喜，特别是最后一句，成为古代读书人梦寐以求的圣条。为了有朝一日名满天下、身显名扬、光耀门楣，他们付出的不仅仅是无数个日日夜夜的辛勤努力，更是美好的青春年华，甚至是纯洁善良、无欲无求的本心。《儒林外史》中的范进便是这一方面的典型。摆脱寒门、跻身于仕族之列的想法早已吞噬了一些人“穷则独善其身，达则兼济天下”的远大理想，做官之后，为了平衡当年受人欺凌，遭人白眼的不满心情，便开始颐指气使，吆五喝六，甚至贪赃枉法。至于那些圣贤书中的教诲早已抛到九霄云外去了，哪里还顾得上什么礼义廉耻？因此，读书应明确读书的目的，读书要读书的精髓，如果把读书当作攀龙附凤的工具，那就是读书人真正的悲哀。

作为现代人，并不完全将读书作为自己实现自身价值的唯一途径，但仍有许多人将读书作为改变命运的工具，这虽然无可厚非，但对于真正好读书之人来说，这种功利式的做法是很难苟同的。当然，这些都属于仁者见仁，智者见智，至于我们个人，该如何去选择与取舍，只要俯仰之间，认为对得起自己就足以了。

酒债寻常行处有，人生七十古来稀。养儿待老，积谷防饥[1]。当家才知盐米贵，养子方知父母恩。常将有日思无日，莫把无时当有时。

【注释】

[1] 防：防备。积：积蓄。谷：谷物，这里泛指粮食。

【译文】

喝酒欠债的事情到处都有，人活到七十岁古来少有。养儿子是为了防老，积蓄粮食是为了防备饥荒。主持家政才知道柴米油盐昂贵，自己有了儿子才了解父母的恩情。应当常常在有吃穿的时候想到没有吃穿的日子，不要等到没有吃穿的时候怀念有吃穿的日子。

【赏析】

生命是短暂的，而生活却无时无刻无不发生着变化。许多事情我们没有经历过就无法知道其中的艰辛和战胜它所需要的勇气，就如我们还没有长大时怎么也不能理解父母在抚养我们时付出的心血一样，当自己成家立业、娶妻生子之后才能体会到父母对我们的关怀。人生无常，人们经常很难判断等待在前方的是什么，若安于现状，凡事不做长远打算，那便会使自己在本已被动的生活中变得更加被动。

因此“养儿待老，积谷防饥”的思想虽有些保守，却也能给人一些善意的忠告。作为整体型的社会，人民安居乐业、衣食无忧并不是一个容易解决的问题，特别是我们这个拥有十三亿多人口的农业大国，对于吃饭问题还是不能有丝毫懈怠的。而作为个体的我们，更应该有时思无，只有做长远的打算才不会坐吃山空。就如人的体力、精力、财力一样，都是有限的，一旦透支，不仅威胁自己的健康也影响自身的前途和幸福。人需要保持清醒的消费意识，对于生活和物欲有所节制才不会令自己陷入进退维谷的境地，更不要等陷入困境时才追悔莫及。

时来风送滕王阁，运去雷轰荐福碑[1]。入门休问荣枯事，观看容颜便得知。官清书吏瘦，神灵庙祝肥[2]。

【注释】

[1] 滕王阁：唐高祖之子滕王元婴为洪州刺史时建造，在今江西南昌西北。唐初诗人王勃曾到此赴宴。并作了著名的《滕王阁序》，得以扬名天下。荐福碑：出自马致远杂剧《半夜雷轰荐福碑》，内言一贫书生刚要去临摹荐福碑的碑文，当夜荐福碑却被雷击毁。

［2］书吏：各官署吏员的总称，这里泛指下级吏员。清：清廉。瘦：清瘦，这里指无利可图。庙祝：庙里管理香火的人。灵：灵验，指烧香的人多。肥：肥胖。这里指有利可图。

【译文】

时运来了，风会送你到滕王阁扬名，没运气时，要写碑文碑却被雷击毁。进一家门不必问日子过得好坏，只要观察主人的容颜气色就知道了。长官清廉下级吏员一定清瘦，供奉的神仙灵验看管香火的人一定肥胖。

【赏析】

时机和运气对一个人的成功起着莫大的作用。如初出茅庐的王勃因为偶然途经滕王阁，又逢宴请天下文人墨客之机，凭借一篇《滕王阁序》而名满天下，其中一句“落霞与孤鹜齐飞，秋水共长天一色”更是成为千古绝唱。许多人认为这是王勃的运气，是恰逢天时、地利、人和的幸运，然而不能否认的是，王勃自身的才华才是这次名扬天下的根本原因。要不怎么会只有他一人夺魁，难道当时的客观条件只为他一人专设不成？

因而我们说，机遇永远是留给那些有准备的人的，如果自身不求进取，只知安逸享受，坐享其成的话，那这一辈子也是没有什么出息的。虽然客观条件的作用不容忽视，但个人的努力、争取、奋斗还是起着决定性的作用，否则，即使机会来临，没有准备的你也只能与机遇擦肩而过。

要想知道一个人最近的时运、际遇怎么样，不需要多问，只要看看他的气色和身体状态就可以知道。所谓“人逢喜事精神爽”，气色是人内心世界的一面镜子，察言观色，说的就是窥视人的内心世界。而“官清书吏瘦，神灵庙祝肥”，说的同样是这个意思，由表及里，由外察内。虽然福祸兴荣不能只看表面，但是我们却可以通过表面现象去了解事物的内涵。

息却雷霆之怒，罢却虎狼之威[1]。饶人算人之本，输人算人之机[2]。好言难得，恶语易施。一言既出，驷马难追[3]。

【注释】

[1] 却：去掉。

[2] 本：根本。输：忍让。机：关键。

[3] 好言：与人有益的话。驷马：同拉一辆车的四匹马。这里指四匹马拉的车。

【译文】

做官的人应当平息雷霆般的愤怒，去掉虎狼般的威风。饶恕别人是处事的根本，忍让别人是处事的关键。有益的话不容易听到，伤人的话容易说出。一句话说出口，四匹马拉的车子也追不回。

【赏析】

做人要气度恢弘，充满阳光，到哪里都会受人欢迎；反之，如果为人心胸褊狭，尖酸刻薄，到哪里都会令人厌恶。

言语上气势雄壮，做事时软散无能，虽说如此，但言语伤人终归有所不恭。一个人嘴尖舌快，说话不留情面，等于给自己埋了炸弹。俗话说："恶语伤人六月寒。"有时无心一句话，往往极具杀伤力，人与人之间的关系都是相互的，你发了虎狼之威、雷霆之怒，最后致使双方两败俱伤，决不可能是一方胜利一方服输的结局，即使那样，也是一时迫于淫威求全之策，内心定忌恨于你，人际关系必然陷入僵局，不利于自己的生存和发展。

改善人际关系，应该从我做起，以平等友善的态度对待每一个人，这样就等于善待自己，在尊重他人中获得他人的尊重，在善待异己中提升做人的境界。

道吾好者是吾贼，道吾恶者是吾师[1]。路逢侠客须呈剑，不是才人莫献诗。三人同行，必有我师焉[2]，择其善者而从之，其不善者而改之[3]。

【注释】

[1] 道：说。吾：我。贼：敌人。

［2］焉：语气助词。

［3］善者：长处，优点。

【译文】

讲我好话的是害我的人，指出我缺点的是我的老师。路上遇到侠客应当献上宝剑，不要向没有才学的人诵读诗篇。三人同行其中一定有可以作我老师的人，对他们的长处要学习，对他们的缺点也可借鉴改正。

【赏析】

选择老师是关键的，选择老师时，要选那些对自己有帮助、使自己获益的人。这样的人往往能耐心而中肯地提出自己的缺点，并给自己以忠告，这才是真正的老师。而那些从不说你的缺点，经常用甜言蜜语包围着你的人，不是对你有所图，就是对你有所谋，这样的人不会对你的学习和生活有任何帮助，还是少与之接触为妙。只有看出自己缺点的人，才是一个负责的老师，是一个明师。

但学习光有一个好老师是远远不够的，最重要的是自己要有一颗虚心学习的心。目中无人的人是永远听不进去别人的劝告的，也终不会有太多进步。“三人行，必有我师焉”，任何人都可以成为我们的老师，任何学问都是知识，只要留心处处皆学问。只有不耻下问，知识才能不断进益。

不论你的目标是什么，若想成功必须要低下高傲的头，有一颗虚怀若谷的胸怀，保持谦虚的态度，以人之长补己之短，观人之短改己之过，不失为一种充实自我的好方式。我们也只有保持一颗谦虚学习的心，不断更新自己的知识，才能在社会激烈的竞争中不被淘汰。

欲昌和顺须为善，要振家声在读书[1]。少壮不努力，老大徒伤悲[2]。人有善愿，天必佑之[3]。

【注释】

［1］昌：兴旺，这里是倡导，使兴旺的意思。和顺：和谐，顺利。为：做。

［2］老大：年老。徒：徒然，空白。

［3］佑：佑助，保佑。

【译文】

要提倡和顺的风气就要多做善事，要振兴家庭的声望关键在多读书。年轻力壮时不知努力，到年老体衰时空自伤心。人如果有善良的愿望，老天也会帮助你。

【赏析】

“行善”是一个人修养的体现。佛家认为“种善因，得善果”，一个人多做善事，多给别人付出，亦会得到相应的回报。很多宗教主张人行善，所以很多人才会信奉宗教。佛、道及基督教中的教义有很多精神是符合人们心灵本体的。

“行善”被人们不自觉奉为阳春白雪般的高尚情操。很多修身养性的人修行就是为修炼一颗“善心”，所谓“以恕己之心恕人”“严于律己，宽以待人”的高尚修养境界也无非是一种善良罢了。但要做到这种境界，除了行善事，还要勤读书、多读书，读书使人进步，书是人的精神食粮，读书可以开阔胸怀。只要领悟了书中的精神内涵，其实没必要刻意去做苦行僧，克己复礼，吃斋念佛。很多人读书不明其意，为读书而读书，为积累知识而积累知识，知识再丰富，修养却没有多少进步。所以只好白了头，空悲切。

很多人强调“珍惜少年时，莫惜金缕衣”“少壮不努力，老大徒伤悲”固然正确，但也不能一味强调时间，很多人穷经皓首，一生也没有什么成就。但也有很多人，似乎并未怎么努力，却偏有幸运女神降临在他头上，这其中除了勤奋外，更重要的还有方法。但方法和技巧在学习过程中是起辅助作用的，只强调方法的技巧，学习就流于空洞。勤奋与方法二者并用，一定会在自己的事业上高歌猛进。

勤奋与方法在学习里相当于飞机的两个机翼，尽管是辅助作用却不可或缺，而学习里的发动机则是学习的动机，为什么而学？学习何为？如果不急功近利，只为增加知识，提高修养，那可能会无心插柳柳成荫，在事业上飞黄腾达；若一心只求“颜如玉”和“黄金屋”的话反而会堕入痛苦的泥潭，在欲望里苦苦挣扎，对学业没有一丝帮助，身心也不会受益。

莫饮卯时酒，昏昏醉到酉；莫骂酉时妻，一夜受孤凄。种麻得麻，种豆得豆。天眼恢恢，疏而不漏[1]。

【注释】

[1] 恢恢：宽广的样子。天眼恢恢，一说“天网恢恢”。

【译文】

不要在清晨饮酒，那样会昏昏沉沉直到傍晚；不要在傍晚辱骂妻子，那样会忍受一夜孤凄。种下麻籽会收到麻，播下豆种会收到豆。天的眼睛像宏大的网，网眼稀疏却不会漏掉一切坏人坏事。

【赏析】

卯时指的是早上六七点钟，正是一天的开始，清早起来头脑是最清醒的时候，若一起来就喝得烂醉如泥，一天的工作就被耽误了。再说喝酒后容易乱性伤神，大清早喝得烂醉如泥无异于肆意挥霍自己的青春。傍晚打骂自己的老婆，夫妻不和，心情不畅不说，起码一晚上都进不了屋，受一夜冻是避免不了的。夫妻之间有矛盾要心平气和地好好谈谈，不要动不动就恶言相向，以致伤害感情。俗话说“家和万事兴”，只有家庭和睦，做事才会得心应手。

种瓜得瓜，种豆得豆，自己浪费掉的青春不能重回，自己耕耘的土地却可收获春天的无限风光，关键看自己如何利用了。自己埋下感情的孽因终会成为裂痕，自己呵护的爱因必将丰收。为什么有的人一生风调雨顺？

那是因为提早种下了善因；为什么有的人一生坎坷？那是因为一直有孽因随身。普结善缘，广播善种，便会得道多助，众人帮扶，一生其乐融融，顺顺利利；处处与人结怨，孽因遍洒，没有容人之量，也不会得到别人的宽容和谅解，从而使自己的人际关系陷入困境。投桃报李，对人好，人就会对你好；尊重别人，别人就会尊重你。

反之，为己私利，损人利己，狭嫌报复，这样的话别人也会同样地对待你。一报还一报，有什么样的行为就会有什么样的结果：肆意挥霍时间，时间就会浪费你的生命；对妻子不忠，妻子便同样要背叛你；对别人不敬，别人必定要以牙还牙。

“天网恢恢，疏而不漏”，生活说到底是公平的。其实，只要不违背生活的原则，按规律办事，广种善因，自然会收到好的效果。不然，就会受到惩罚。

见官莫向前，做客莫在后。宁添一斗，莫添一口。

【译文】

见官长时不要靠前，免得被挑剔，做客人时不要靠后，免得被冷落。宁可多添一斗粮，不可饱后再加饭。

【赏析】

为人处世，要灵活处理，该进则进，该退则退。面对比自己层次高、地位高的人要谦恭，不可造次，谨思慎言，给领导留下谨慎稳重的形象。既有礼有节，又不卑不亢；即谦恭谨慎，又无谄媚之态。做客的时候，也要分清客人的身份，要是自己的朋友，太过尊敬，反而疏远和做作，朋友之间要适当保持距离，但勿要疏远，保持适当距离以不进入别人心理空间范围为原则，也就要求待人接物应该大方得体，才能取得别人的尊敬。

“宁添一斗，莫添一口”是耳熟能详的民谚，富于生活气息，但又道理深刻。

螳螂捕蝉，岂知黄雀在后。不求金玉重重贵，但愿儿孙个个贤[1]。一日夫妻，百世姻缘。百世修来同船渡，千世修来共枕眠[2]。

【注释】

[1] 贤：贤能，有德行。

[2] 修：修行。

【译文】

螳螂只顾捕捉眼前的蝉，不料黄雀正在后面等着吃它。不追求家中金银珠宝件件贵重，只愿家中的儿孙个个贤能。做一天的夫妻，也要百世的缘分。一百代修来的缘份才能同乘一条船，千世修来的缘分才能做同床共枕的夫妻。

【赏析】

螳螂不捕蝉，黄雀依然要吃它，螳螂的悲剧不在于捕蝉，而在于为了捕蝉的口食之利，而忘记了危险的存在。所以先保命，再求食才是正理，生命是螳螂存在的本质，皮之不存，毛将焉附？有更本质的东西不去关注，却被表面的利益所迷惑，世上之人也大多如此。追金求玉，贪财好利，为了钱财连最基本的亲情关系都断了，为利益之争，兄弟反目，父子成仇。为人父母，一味追求钱财，而不知道好好教育子女，就会导致子不贤女不孝的危险结果。殊不知，重重金玉在烽火连三月的年代尚不抵一封家书，争得再多金银珠宝，也买不来浓浓亲情。

财富易得也易散，若天上之彩云，时聚时散，只清风那么轻轻一吹，便飘然无影。而亲情难得也难散，如天空之霁月，很难相逢，很多亲情多是前世的缘，缘份乃是可遇不可求的，尤其是夫妻之间的情谊，更是前世修炼的结果。“百世修来同船渡，千世修来共枕眠”，茫茫人海，穿过千山万水、透过人情世故相遇，这冥冥之中不是一种天意吗？你看断桥边的金钗在闪光，那个年轻书生低头拾钗刹那，不正是天意吗？雷峰塔下，泪流满面，磕头不已的许仕林，正是上天的文曲星呀！注定了要来救母的，尽管这是神话传说，但无疑说明了“缘乃天定”的观念已深入人心，这足以说明人们对夫妻感情的重视。

“问世间情为何物，直教生死相许。”感情自古就是最解释不清的，说有情总被无情伤，道无情却又为情牵挂。倒不如，用一个“上天的缘份”来解释的好，既然在一起是上天注定的姻缘，那倒不如好好珍惜这千年的修行。彼此宽容和理解，共同走完茫茫人生路。

杀人一万，自损三千[1]。伤人一语，利如刀割[2]。枯木逢春犹再发，人无两度再少年。未晚先投宿，鸡鸣早看天。

【注释】

[1] 损：损失，减少。

[2] 利：锋利。

【译文】

杀死一万敌人，自己一方最少损失三千。一句伤人的话，像用刀砍人一样厉害。枯萎的树木赶上春天会再发绿叶，人却不会有两次少年时期。出行时不到晚上就该去找住宿处，听到鸡鸣就该及早起来看看天气。

【赏析】

与人为善，莫与人为敌，伤害别人也就是伤害自己，剑总是双刃的，别人流血，自己也会受到伤害。人莫存害人之心，害别人终害自己，当你的剑刺入别人胸膛时，仇人的刀锋也就逼近了你的后背，与敌人斗争时，刀光剑影，止息后，即使将对方致于死地，自己也会遍体鳞伤，历史上哪次战争不是生灵涂炭？即使征战胜利了，也是劳民伤财，空耗国力，而且还可能结下仇恨。人与人之间更是如此，“祸从口出”，不经意的一句话，也许会给别人带来伤害，邻里之间、朋友之间伤和气多是由口角引起的。

人生本来就短暂，何必要把精力白白浪费在无谓的争斗上？应该为自己早作打算。时间的脚步太匆匆，紧追犹

不及，何况再耽搁，人要有先见之明，未雨绸缪，省得青春不再时后悔莫及，所谓“少壮不努力，老大徒伤悲”即为此意。“未晚先投宿，鸡鸣早看天”，也是要人们早做打算。古代交通不便，为了安全要在天黑前就找好落脚之处。早有准备，做事才会有先见之明，任何人的精明和预测能力都不是凭空而来的，是在充分思考和准备之后，熟悉了事物的规律才逐步了解的，所以要想有先见之明，料事于先，就应该提前有所准备才好。

将相胸前堪走马，公侯肚内好撑船[1]。富人思来年，穷人思眼前。世上若要人情好，赊去物件莫取钱。死生有命，富贵在天[2]。

【注释】

[1] 堪：可以。堪走马，好撑船：形容人度量宏大。

[2] 命：命运。在：在于。天：天意、神灵。

【译文】

将军宰相应心胸开阔容得下跑马，王公贵族应当宽宏大量，肚里可以撑船。富人常常考虑明年的事，穷人却只能顾及眼前的温饱。在世上要想取得好人缘，除非赊给别人东西不要钱。人的生死是命里注定的，能不能富贵全凭天意。

【赏析】

“死生有命，富贵在天。”这句俗话是劝世人不要强求不属于自己的东西，因为苦求不得不仅劳神费力还会导致心理不平衡，莫不若学那吃不到葡萄的狐狸，说葡萄是酸的，反倒让心里舒服些。世人都是在争夺间凸显功利心，在抱怨间顿生邪恶念。凡是用“争夺”的，都是对不属于自己的东西有欲望；凡是怨恨的，也是因争夺不得而心理失衡。抱有这样争锋占尖的自私心理，无论做什么也不过是个蝇营狗苟之徒，永远做不出大的事业来。

历来的封侯拜将之人，不是因为命相富贵，而是因为其修养高人一等，其胸襟海阔天高，太过苛刻就不会服从，君不见，历史上凡继承王位而自己骄奢自私的人，皆被下属或敌军消灭了。杨广被宇文化及杀死，北齐高洋帝被杨坚消灭。而历史上的明君贤相都是肚量宽广之人，李世民宽宏大量，敢于纳谏。蔺相如主动避廉颇，更显君子之风。宽宏大量之人即使没机会封公拜侯，作为一个平民百姓也是一个豪爽义气、广结善缘的仁义君子。韩信在落魄之时，受漂母之恩，他知恩图报，后来给漂母千金以报，而且其心胸气度甘受胯下之辱，如此宽广的胸怀，在其穷困之时，就注定了将来必定能建立丰功伟业。但曾帮过韩信的那个南昌亭长就不一样了，居然曲信自己的妻子，不给落魄韩信吃饭，“世上若要人情好，赊去物件莫取钱”，对人好，就不要计较一两顿饭。

“富人思来年，贫人思眼前”，是说富贵之人往往有长远打算，而贫贱之辈却只考虑眼前利益，这也是富人富贵、贫人贫穷的原因所在。比如帮助韩信的那个南昌亭长，只在乎生存的饭食，而韩信却想建功立业，有长远打算，所以注定了两个人不同的结局。

击石原有火，不击乃无烟[1]。为学始知道[2]，不学亦枉然[3]。莫笑他人老[4]，终须还到老。和得邻里好[5]，犹如拾片宝[6]。但能依本分[7]，终须无烦恼[8]。

【注释】

[1] 击石：敲打石头。

[2] 为学：做学问，读书。知道：知道道理，懂得真理。道，道理，真理。

[3] 枉然：徒然，什么都得不到。

[4] 莫：不要。笑：嘲笑。

[5] 和：和睦。

[6] 犹如：像，好像。

[7] 但：只要。依本分：规规矩矩地做人。

[8] 须：应当。

【译文】

叩击火石会产生火花，不去叩击连烟也不会出。努力学习才会懂得道理，不去学习什么也得不到。不要笑话别人衰老，自己总有一天也会衰老。与邻居处得和睦友好，就像拾到珍宝。做人只要守本分，到头来不会有烦恼。

【赏析】

火花的产生是由于击石，不击绝对就不会有烟。

人非生而知之，很多学问家的知识都是勤学修来的，一个人学富五车，才高八斗，正是夜以继日、孜孜不倦的学习得来的。冰冻三尺，非一日之寒。活到老，学到老。学习不仅是随时随地的事情，更是一生的事情。有的人穷经皓首，到白头翁时，才成为一代鸿儒，尤其是古代科举，考白了多少士子之头。很多人行将就木，才终于登科及第，千万不要笑话这些白头举子，那是封建社会的科举制度造成的。这些白发士子的学问可不容小视，蒲松龄考了一生，最后虽未中科举，但亦有《聊斋志异》遗传后世。

人生在世，安于本分，与邻和善就应知足。学问不多，可以用平和的心态慢慢学习，莫要攀功；爱情不幸，就慢慢思索解脱之道，不要中毒太深执迷不悟，非要强求不属于自己的东西。与邻里关系要和谐，不要争名夺利，为蝇头微利与邻里闹翻，自己徒惹忧愁。不管自己处于什么地位，有多少钱财都要有平和心态，不与人争，不与人结仇，不掉进欲望的深渊难以自拔。保持清心寡欲，那么一定会无忧无虑，开心自在。

大家做事寻常[1]，小家做事慌张[2]。大家礼义教子弟，小家凶恶训儿郎[3]。

【注释】

[1] 大家：大户人家。寻常：平常。这里指做是从容不迫。

［2］小家：小户人家。

［3］凶恶：态度粗暴。

【译文】

大户人家办事从从容容，小户人家办事慌慌张张。大户人家用礼义教育子弟，小户人家粗暴地训斥孩子。

【赏析】

曾国藩

一个人的涵养和智慧可以决定一个人做事的方式。一个涵养高的人做事有大家风范，而一个低俗之人就体现小家子气，家庭出身和教育影响着一个人的思想和行为。

纵然家庭出身对一个人的行为和思想有影响，但后天教育却起着更为关键的作用。尤其是家教，也是孔子奠基教育，一个人一生的习惯往往是在家庭教育中获得的，有些可能会影响他的一生。因此家庭教育是不可忽视的主要教育环节。

所以为人父母者，应该用大家之风范教育子女，只要对孩子用心，不断提高自己修养的同时注重对孩子的礼仪教育，也一定能把孩子培养成遵纪守礼的孩子。

君子爱财[1]，取之有道[2]；贞妇爱色[3]，纳之以礼[4]。善有善报[5]，恶有恶报，不是不报，日子未到[6]。万恶淫为首[7]，百行孝当先[8]。

【注释】

［1］君子：指品德高尚的人。

［2］有道：正当，合情合法的方式。

［3］贞妇：遵守贞节操守的女人。

［4］纳：接受，享受。

［5］报：报应。

［6］日子：时间，时候。

［7］淫：淫乱。

［8］百行：各种道德品行。

【译文】

高尚的君子也爱钱财，但要用正当的方法去索取；对于贞节美丽的女子，要按礼仪迎娶她。做善事有好报，做恶事有恶报，不是不报，只因时候不到。一切恶行中淫乱是最坏的，一切品行中孝顺是最重要的。

【赏析】

中国遵循传统的礼仪道德，秉信正统的儒家观念，以“仁”“义”“礼”“智”“信”约束行为，一旦违背这五字的约束，必定会受到惩罚，不是肉体的惩罚就是精神上的折磨。

做什么事都要讲究原则和规矩，不能损害道义。“君子爱财”并非什么见不得人的事，正如俗话所说“一分钱憋死英雄汉”。钱固然重要，但也不能不顾道义得不义之财。要“取之有道”，通过诚实劳动，合法经营取得钱财才能来得长远，花得安心。同时还要保持一定的君子之风，女子也是这样。

“万恶淫为首，百行孝当先”，更能体现出道德和道义的标准。“淫”和“孝”是人类品行的两个极端，“淫”代表了人的欲望，“孝”是正统的儒家思想，是所有善行的表率。一个人连自己的亲生父母尚不能善待，如何指望他去善待别人？卫开方不守孝道去侍候齐桓公，齐桓公甚为感动，当时管仲劝他说，一个连自己父母都不侍奉的人而侍奉您，肯定有所图谋，齐桓公不听，依然十分任信卫开方，结果卫开方联合易乐、坚刁将齐桓公活活饿死了。

至于“善有善报，恶有恶报；不是不报，日子未到”，虽然听起来有些宿命论的味道，但却是导人向善的警世名言。人的心中总是有一杆秤，这就是道德，它是衡量一个人的行为是否合乎规范的准则，与其为一点私利离经叛道、逆良悖德，不如在道义的保护下享受那一份属于自己的果实。

人而无信[1]，不知其可也。一人道虚[2]，千人传实。凡事要好，须问三老[3]。若争小可[4]，便失大道[5]。家中不和邻里欺[6]，邻里不和说是非[7]。

【注释】

[1] 信：信用。

[2] 道：说，传言。虚：虚假，不真实。这里指不被人相信。

[3] 须：须要，必须。问：询问，征求意见。三老：古时掌管教化的乡官，帮助推行政令，这里指德高望重的老人。

[4] 小可：小事情。

[5] 大道：大道理。

[6] 和：和睦。

[7] 说是非：说三道四，搬弄是非。

【译文】

做人不讲信用，这是不可容忍的。一个人讲的话没人信，上千人讲就成了真的。所有的事情要想办好，必须请教德高望重的老人，如果只计较细枝末节，必定离开大道理。家中不和睦必受邻居欺侮，邻居不和睦必定互相搬弄是非。

【赏析】

做人如果没有诚信，那做什么事能够成功呢？即使靠美丽的诺言能让别人一时上当，终究也会有败露的时候。人靠诚信立命，只有言而有信才能获得别人的尊重。无论是什么人、什么企业，若想获得成功，都离不开“诚信”这块金字招牌，信誉是产品获永久生命力的源泉，是人成功的保障。李嘉诚在讲到自己成功的秘诀时，只讲到“诚信”二字，有了诚信才有源源不断的客户。靠欺诈是永远做不成大事业的。做小生意偶然得利，只是因为一次交往，第二次若还用同样的方式是绝不会成功的。

诚信就要求说话办事实事求是，不夸大、不贬损，很多人喜欢以讹传讹，结果造成不良的影响。三人成虎，一个人说错了也许人们有所疑惑。但一传十，十传百，谎话说上千遍也就成了真理，说的人多了就会把子虚乌有的事变成言之凿凿的承诺。若要这样交朋友、做事情岂不是开天大的玩笑？所以对那些道听途说毫无把握的事情不要轻易相信，也不要四处传播。当然，这并不是要求你不要相信任何人的话，对一切都持怀疑的态度，只是不要做一些无聊言论的传声筒就可以了。很多时候听听别人的建议还是很有必要的，毕竟“三个臭皮匠能顶诸葛亮”，集思广益才能更快更好地解决问题。尤其多向比自己有经验的长辈求教更会受益良多。

适当的请教并不会影响你的创造力，而只会让你少走弯路。不耻下问是一种美德，你不会因此比别人矮一截。不必在这些细技末节上较真，做大事莫拘小节，能多获得真知灼见才是取得成功的关键。

年年防饥，夜夜防盗。好学者如禾如稻[1]，不好学者如蒿如草[2]。遇饮酒时须饮酒，得高歌处且高歌[3]。因风吹火，用力不多[4]。

【注释】

[1] 如禾如稻：比喻像庄稼一样有用。

[2] 如蒿如草：比喻像野草一样无用。

[3] 得：能。

[4] 因：凭借。

【译文】

年年都要预防饥荒，夜夜都要防备盗贼。爱好学习的人像田里的禾苗与稻谷，不爱学习的人像田里的青蒿与稗草。遇到饮酒的场合就开怀畅饮，赶上唱歌的场合就放声高歌。借助风势吹火，用的力气很小。

【赏析】

未雨绸缪，防患于未然。为生活做好充足的准备，就不怕临时遭遇变故。要想使自己的生活得到保证．除了努力工作外，还要有忧患意识，预防意外发生。君不见，无情的大火会烧毁苦心经营的财产，滔天的洪水会淹没倾注心血的良田。所以财产、生命都需要加上保险。只有考虑长远，内外兼顾，才能衣食无忧，安居乐业。

读书也是这样，要有长远的打算，根据长远的目标来选择读书的内容，并且要善于运用技巧。马克思立志为全人类服务，所以他读书非常认

真，动力十足。要探索社会规律，必须对政治经济、历史、哲学等方面都要精通，因此马克思读书时，既一而贯之，又分门别类，他读黑格尔的著作也只拣其中有益于自己的观点，他读欧文的著作、亚当·斯密的著作均不求甚解，只观其大略。亚当·斯密在《国富论》里讲的是重商主义，而马克思将其延伸成商品输出，并把商品输出阶段定位成资本主义竞争时期的特征，还把社会分成了五段，而社会的五段是以经济基础为标准划分的，尽管有些学者批评马克思的学说是继承大于创造，而且理论过于简单，但依然不阻碍马克思思想闪烁在历史的天空上，依然不阻碍《资本论》这部社会百科式的经典著作千古流传。马克思之所以有这样雄厚的基础和见识，读书技巧起了重要作用。

不因渔父引[1]，怎得见波涛。无求到处人情好[2]，不饮任他酒价高[3]。知事少时烦恼少，识人多处是非多。世间好语书说尽[4]，天下名山僧占多[5]。入山不怕伤人虎，只怕人情两面刀[6]。

【注释】

[1] 因：凭借。引：指引。

[2] 求：追求。人情好：好人缘。

[3] 饮：饮酒。任：任凭，哪怕。

[4] 好语：好话。

[5] 僧占多：多被僧人占有，这里指庙宇众多。

[6] 两面刀：比喻人情险恶，两面三刀。

【译文】

不经渔夫指引，怎能见到江河。没有必要到处都有好人缘，不饮酒就不必关心酒价高低。知道的事情少烦恼也会少，认识的人多招惹的是非必多。人世间的好话都被书籍写尽了，天下有名的山多数被庙宇占据。进山不怕伤害人的老虎，就怕人情险恶两面三刀。

【赏析】

人世间处处有陷阱，生活中片片是藩篱。人心隔肚皮，有些人表面上一团和气，内心里实际敌意似火，别人心中想什么，自己根本不可能知道。尤其是现代社会，人际关系极为复杂。为了活得简单，避免落入别人圈套之中，就应该少些是非，少些交往，这样便会少些烦恼。

但是这样的观点也并不完全正确，目前的社会，人脉是最重要的资源，社会中人与人之间都有着千丝万缕的联系，要在社会中立足，就需要帮助别人，也需要别人的帮助，要互相帮忙。很多是非并不是你一厢情愿就能躲得过的，你不找它，它也会找你。就像“不因渔夫引，怎得见波涛”，再说，人情的好坏是建立在真诚的基础之上的，不在于求不求人。至于认识的人越多，烦恼就越多，要正反两面来看，一方面烦恼随朋友多而多；但另一方面机会和快乐亦会随朋友多而多。如果断绝一切交往，是非固然是少了，但同时你也陷入了孤独苦闷的深渊，因为你切断了快乐的源泉。

“世间好语书说尽，天下名山僧占多”。读书就要读好书，书中自有“颜如玉”，书中自有“黄金屋”，但书中也有污言秽语，书中也有“地狱魔鬼”，所以读书要有选择，不可盲目不择书就去读，同时要明白，知识和文化源于生活，读书还要实践。很多高僧都选择名山而居，很多才子也应选择好书而读，读一本好书胜走十年路。好书教人正道，高僧给人指引，所以读好书，理解圣人之言，登名山，拜见有道高僧，才会对自己的成长有帮助。

强中更有强中手，恶人终受恶人磨[1]。会使不在家豪富，风流不在着衣多[2]。光阴似箭，日月如梭[3]。天时不如地利，地利不如人和[4]。

【注释】

［1］磨：折磨，纠缠。这里引申为对付。

［2］会使：指善于理财。在：在于。着：穿。

［3］梭：梭子，一种织布的工具。

［4］天时：时机。地利：地理上的有利形势。人和：人心和睦团结。

【译文】

本事高强的人中间必有更强的能手，作恶多端的人到头来会受到恶人折磨。善于使用财物不在于家中富有，风流潇洒并不在于有多少衣服。光阴快如箭，日月往来如穿梭。天气适宜不如地形有利，地形有利不如人心和睦。

【赏析】

“强中自有强中手”是说即使能力再强，也是“天外有天，人外有人”。人第一要知足，不属于自己的莫强求，懂得放弃人生才会更加开阔。面对强者不卑，面对弱者不亢，胜似那“天下第一”的名号。“万法皆有因”，如果作恶多端，多行不义，最终被埋葬的还是自己。有的人自以为天下无敌，可以任意施恶，无人能管，希特勒征服世界的野心消灭的只是自己的灵魂；墨索里尼在意大利横行，只落了个暴尸广场的结局。

“钱要用到刀刃上”，家财万贯，不会使钱，财政赤字依然会使你捉襟见肘；虽然积蓄不多，但平日里省吃俭用，关键时刻犹可一掷千金。有的人锦衣华食，要他救济穷人，他却吝啬分文；有的人柴扉粗衣，却能济人危难。钱在于会不会使，不在于拥有多少，风流之人天生有一种韵态，不在衣服等外在的装饰。一个人的气质在于眼神与谈吐，是一个人修养的体现，衣服这些外在的包装，也分穿在什么人的身上，穿对了就能彰显华彩，若穿错了，则会不伦不类。

时光飞逝，转瞬白头，要珍惜时光建功立业，不能等到韶华已逝，空自悲切。有太多的年轻人以为自己年龄还小，不愿意努力奋进，明日复明日，结果再回首已是百年身，明朝已尽，往者难追。多数人克制不了自己的惰性，只能沦为平庸之辈，少年壮志不言愁，但壮志未酬老空悲。劝世人，抓住时间匆匆的脚步，不让它溜走，成为时间的主人，建立自己的功业。当然，一个人成功只有时间还是不行，更要有天时、地利、人和等条件，其中最重要的是人和，尤其是现在社会，做生意即使万事俱备，若没有足够多的人脉关系，也是寸步难行的。

黄金未为贵[1]，安乐值钱多。万般皆下品[2]，唯有读书高[3]。为善最乐[4]，为恶难逃[5]。

【注释】

[1] 未为：并不是。贵：珍贵，贵重。

[2] 万般：各种各样。下品：低的等级。

[3] 高：高贵，高尚。

[4] 为：做。乐：快乐。

[5] 为恶：为非作歹，做坏事。逃：逃避。

【译文】

黄金并不贵重，安乐价值更高。天下所有的事都是下等的，只有读书最为崇高。做善事最快乐，做坏事难逃惩罚。

【赏析】

“黄金未为贵，安乐值钱多”，这句话有其值得肯定的一面，就是要安贫乐道，不要怨天尤人，不能为求黄金，不择手段。有的人穷则思变，不惜违法乱纪，也要求得万贯家财，结果成了阶下囚。同时，这句话也有一层意思是需要否定的，就是认为黄金之物无益，安乐最高，这其实是在为懒惰找借口，人们致富是好事，是值得鼓励的，只要通过诚实劳动、合法经营，勤劳致富是有益于社会进步的。很多人因为懒惰，不屑于致富，其实是没有能力去挣钱，并非不需要钱，所以用这样的精神来安慰自己，来给自己找借口。

“万般皆下品，唯有读书高”。古人把读书看成是高于一切的行为，因为中国的官文化根深蒂固，“学而优则仕”是至高无上的信条，读书、科举、做官是古人发达的唯一出路。即使有些地主富可敌国，也一定要捐官来做，“三年清知府，十万雪花银”，这是封建制度下的价值观。但当今社会已不一样，读书积累知识固然重要，但从事各行业各工种没有高下贵贱之分。当官更不允许腐败贪污，要为民办事，想民之所想，急民之所急，不管是做教授，还是当工程师，抑或从商、从政，都是社会大家庭中的一分子，都在为社会主义建设服务，不分贵贱。即使一个清洁工和一个政府高官，他们的地位也是平等的，在人格上亦是没有差别的。

“为善最乐，为恶难逃”，这是一种善恶有报的人生观，等同于“善有善因，恶有恶果”。助人为乐，是最大的快乐，马克思主义价值观也认为奉献才是人生价值的体现，很多道德标准，包括多种宗教都在教人行善，善是符合人类心灵本体的。但为恶则不一样，被世人鄙视，为国法不容，为恶者终有一天会被绳之以法。恶是欲望的延伸，陷进欲网里，就很难再拔出那只脚。

羊有跪乳之恩[1]，鸦有反哺之义[2]。孝顺还生孝顺子，忤逆还生忤逆儿[3]。不信但看檐前水[4]，点点滴在旧窝池[5]。隐恶扬善，执其两端[6]。妻贤夫祸少[7]，子孝父心宽[8]。

【注释】

[1] 跪乳：小羊吃奶时，前腿下跪。

[2] 反哺：小乌鸦长大后叼食喂母鸦。比喻子女长大奉养父母。

[3] 忤逆：不孝顺，不顺从，不和睦。

[4] 檐：屋檐，即房顶伸出的边沿。

[5] 窝池：指水滴下后形成的水窝。

[6] 执：掌握，把握。

[7] 贤：贤良淑德。

[8] 孝：孝顺。宽：放心，保持心情舒畅。

【译文】

羊羔有跪下接受母乳的感恩举动，小乌鸦有衔食反喂母鸦的情义。自己孝顺父母，生下的孩子也孝顺；自己忤逆不孝，生下的孩子也不会孝顺。不信请看屋檐下的水，每一滴都落到旧的坑窝里。不揭露别人的坏处，宣扬别人的好处，应当掌握住这两个方面。妻子贤惠丈夫就少遭祸患，孩子孝顺父亲就心情舒畅。

【赏析】

该段强调了“孝道”的重要。“仁”“孝”是儒家思想的核心，孝是仁的一种体现，孔子反对鬼神，但对祭祀却异常看重，因为祭祀是孝的一种体现。

尊老爱幼是一种美德，但对“孝”过于看重，乃至于“父叫子亡，子不得不亡”则是一种社会病态。最初的“孝”来自原始的家族观念。在原始社会，氏族是社会的基本单位，族长年龄大，经验丰富，所以自然成为了氏族的领导者。人们对族长领导的绝对服从，也就是对长辈的服从，这种情况下，“孝”与“忠” 是一体的。孔子是商朝文化的拥护者，周沿殷礼，所以到了这一时期，他极力推崇“周礼”，重视祭祀，推广自己的学说。但当时的情况是实权至上，所以孔子的学说得不到当权者的重视。汉武帝时期，为了钳制人民思想，缓和阶级矛盾，统治者开始用儒家思想来维护其统治。在以后的封建集权制度下，儒家思想得到进一步巩固。程朱理学把儒家思想发展到了极致，甚至是扭曲人性的地步。

现代社会我们依然重视孝，一方面是封建文化根深蒂固的表现，另一方面是尊老爱幼的社会美德的体现。从经济学分析，“孝”之所以一直流行，是与小农经济分不开的。封建社会劳动力是生产主要的动力，老人的赡养即现在的社会福利只能靠各家完成。

现在社会很多人学习西方的自由，但自由与“不孝”是两码事，民主不等于忤逆，它体现了更多的平等，但这也要与本家庭的经济水平相联系。不管怎么样，孝总归是美德，但孝得过分就是迂腐，封建家长制未尝不好，自由的家庭氛围也不是一定好。

人生当知何时足[1]，到老偷闲且是闲[2]。但有绿杨堪系马[3]，处处有路通长安[4]。既堕釜甑[5]，反顾何益[6]？反覆之水[7]，收之实难[8]。

【注释】

[1] 足：知足，满足。

[2] 偷闲：忙中抽出空闲时间。

[3] 堪：能够。系：拴。

[4] 长安：西汉隋唐等朝的都城，在今陕西西安一带。也泛指都城。

[5] 既：已经。堕：掉下。釜：锅。甑：古时蒸饭用的炊具。

[6] 反顾：回头。益：好处。

[7] 反覆：翻过来，这里指泼掉，倒掉。

[8] 收：收回。实难：实在艰难。

【译文】

人生应当知足，可什么时候才是足呢？到了老年得到闲适才是闲适。只要有杨柳树就能拴马，到处都有路通向长安。既然釜与甑都已经摔碎了，回头看一下又有什么用处？泼掉的水，想收回来难上加难。

【赏析】

这段话说的是做人要随遇而安，不要懊悔以前的事，该知足时当知足。“满目山河空念远，不如怜取眼前人”，已是落花时节，伤春有何益？不如安慰自己“塞翁失马，焉知非福”，反倒落得个心情舒畅，为下一步更稳更好的走路奠定心理基础。

“人非圣贤，孰能无过，过而能改，善莫大焉。”有的人家财散尽流落街头，依然能笑看天上云卷云舒；有的人一时受挫，便要跳楼寻死。“处处绿杨堪系马，家家有路通长安”；“莫使金樽空对月，千金散尽还复来”，钱财本为身外之物，犯不着为其寻死觅活。何况胜败乃兵家常事，失败了完全可以东山再起。

失败了并不可怕，怕的是在失败中气馁，灰心丧气，怕的是在失败的状态下不能维持乐观上进的心态，为下一次的成功打下坚实的基础！失败是成功之母，表面的失败或失利也许意味着更大的进步。

所以说，即使真的输得一败涂地，也要相信失败是成功之母，哪怕再也没有东山再起的机会，亦要明白人生并非为成败而活，至少还有足够的回忆可以怀念。装着回忆，流连于青山绿水间，与樵夫、渔翁闲谈未尝不是一种乐趣。人生不过短短数十年，何必为一次成败影响一生的情绪，把诸事抛脑后，得偷闲时且偷闲，英雄不论成败，何必在意身后名。

见者易[1]，学者难[2]。莫将容易得，便作等闲看[3]。用心计较般般错，退步思量事事宽。道路各别[4]，养家一般[5]。

【注释】

［1］见：眼见，看着。易：容易。

［2］学：学习，学会。难：困难，艰难。

［3］等闲：随随便便，轻易。

［4］别：差别，不同。

［5］一般：一样。

【译文】

看着容易，要学会就很艰难。不要把容易得到的东西，看得平常且不知珍惜。过于用心计较每件事就会觉得哪都不对，退一步想一想所有的事都容易处理了。道路各有不同，治家的道理却都是一样的。

【赏析】

很多事情看起来容易，自己做起来却很难。卖油翁倒油，油沾不到铜钱上，看着虽然简单，但要实际操作起来，没有深厚的功底是根本做不到的，而卖油翁只总结了一句“熟能生巧”。熟能生巧也是人生做事的规律，即使是些微不足道的事情，若不长久训练，也很难做到“巧”，普通的工作并不像我们想象的那样简单。所以，那些自以为是的人啊，不要再眼高手低、总是昂着骄傲的头了，只有亲自去尝试才会知道“梅花香自苦寒来”。所谓“台上三分钟，台下十年功”，每一式的动作都要经过台下的千锤百炼。因此，对于那些看来简单、得来容易的事情，人们应该学会尊重和珍

惜，要看到平凡外表下蕴涵着的伟大。

虽然，很多事情形式不同，但本质还是一样的。要达成目标，都需要努力，都需要下苦功，“只要功夫深，铁杵磨成针”，做任何事情，都需要刻苦磨练的精神，所以任何成功人士耀眼的光环背后，都有辛酸的经历。在高档的会所有着从事各行各业的精英们，觥筹交错酒影里，闪现的都是他们曾经艰难和辛酸，尽管所从事的行业不一样，但却殊途同归， 虽然走的路不一样，但脚步却都匆匆和艰难。面对困难，越计较就越陷入死胡同，越退后思量，越发觉得天地宽广。所以，一个成功者除了辛苦的努力，还要有多思量的心态，即要慎思之并笃行之。

从俭入奢易[1]，从奢返俭难[2]。知音说与知音听[3]，不是知音莫与弹[4]。点石化为金，人心犹未足[5]。信了肚[6]，卖了屋。

【注释】

[1]俭：俭朴，节俭。

[2]奢：奢侈，铺张浪费。

[3]知音：领悟音乐，后泛指知己，第一个“知音”指知心的话；第二、第三个“知音”指知己的人。

[4]莫：不要。弹：原意是弹琴，这里通“谈”，既交谈、交流。

[5]未足：不满足。

[6]信了肚：满足了肚子的需求，指大吃大喝。

【译文】

从节俭到奢侈容易，从奢侈到节俭就困难了。领悟音乐的话只能对领悟音乐的人说，对方不懂得音乐不要对他弹琴。即使有了点石为金的法术，人的贪心仍然不会满足。只为填饱肚子，结果卖掉了房子。

【赏析】

欲望那张网一旦张开，就不容易合拢了。一个勤俭之家突然飞来横财并非福事，当一家人养成了挥霍的习惯后，就再也难捱穷苦的日子了，重新陷入柴扉之门的时候，难免要用各种手段去找回富裕时的境遇，人格和良心都会被巨大的心理落差淹没，一个善良的人也许就此毁掉了。

知音当然要与知音弹琴赏乐，钟子期只给俞伯牙弹奏，因为只有他才能理解钟子期音乐中的韵律，才能感知钟子期的心迹。再美妙的音乐，没有知音欣赏，也会索然无味，再好听的歌曲，没有听众的热情，也燃不起一丝激情。有的人怀揣阳春白雪的高雅却流落于草莽之间，找不到知音、寻不到同志，孤独苦闷。不是知音莫与弹，弹了之后，非但不被理解，亦会遭人嘲笑。

"人心不足蛇吞象"：有神仙给了某人一个点金棒，这人贪得无厌，把自己居住的屋子变成了金屋，最后连自己的老婆孩子都变成了金人。某县令得一聚宝盆，由于不知满足，日日聚宝，不曾想自己父亲也掉进了聚宝盆，不但得了金银无数，亦得了父亲无数，令人哭笑不得。财富谁都想拥有足够多，但每个人都有自己的标准。聚宝盆是没有的，点金棒也是没有的，再多的财富也有耗费完的一天，见别人总有花不完的钱，并非别人有什么金山银山，而是别人会使钱，懂得节俭。同样一笔财富，当你浪费时可能一朝散尽，奢侈一把、吃喝无度，到最后连房产、地契全给了别人。《活着》里的福贵，不就是因为年轻时浪费、赌博导致家产输得精光吗？但当你节俭时，会发觉财富越来越多，用财富去增值，几年后，财富非但不会减少，还可能会增多。

谁人不爱子孙贤，谁人不爱千钟粟[1]，奈五行[2]，不是这般题目[3]。

【注释】

[1] 千钟粟：比喻高官厚禄。钟：春秋时齐国的公量，一钟为六百四十升。

[2] 五行：指金、木、水、火、土。这里指五行八字，命运。

[3] 这般：这样。题目：内容，这里引申为运气。

【译文】

哪个人不希望子孙后代贤能，哪个人不喜欢无比优厚的俸禄，无奈五行八字中没有这样的运气。

【赏析】

这是一种宿命论的观点。宿命论犹如麻醉剂，可以暂时麻醉人的思想，弥补心理的不平衡，但若长期陷于宿命论中，人就会变得消极悲观，甚至自怨自艾、破罐破摔，最终摧残掉自己的生命。就像鸦片一样，虽然可以暂时止痛，但多了就是毒品。宿命论的思想教导人们不要抗争，积德行善。

但做为个人而言，一定要理智而清醒，吃不到葡萄可以讥笑葡萄是酸的来安慰自己得不到的心理，但不能就此认命，而放弃吃葡萄的心。心若在，人生就会精彩；心有多大，人生的舞台就有多大。暂时的失败不能认命，事业的成功往往是“三分天注定，七分靠打拼”，只要有勇往直前、不屈不挠的精神，就终有一天会胜利。只要相信明天会更好，哪怕是含笑九泉也欣慰。多少革命先烈为共产主义伟大的理想而奋斗，多少仁人志士，为中国的明天而献身，尽管他们没有看到东方红升起的那天，但却用生命燃起了红色的火焰。一个人做事业如果有革命先烈的精神，哪怕是失败了，也虽败犹荣，而且一有机会，必会东山再起，只要有颗不认输的心就能看到胜利的曙光。

莫把真心空计较[1]，儿孙自有儿孙福[2]。天下无不是的父母[3]，世上最难得者兄弟。与人不和[4]，劝人养鹅；与人不睦[5]，劝人架屋[6]。

【注释】

[1] 空计较：枉费心机。

[2] 福：福气，福份。

[3] 是：对的，正确的。不是：不好，错误。

[4] 和：和好，和谐。

[5] 睦：和睦。

[6] 架屋：建房。

【译文】

不要一门心思空打算，子孙自会有他们自己的福分。天下的父母永远是对的，世上最宝贵的是兄弟情谊。与人相处不和谐，要想想古人养鹅注意不扰邻居的佳话；与人相处不和睦，要想想古人盖房子须通力合作的比方。

【赏析】

“可怜天下父母心”“慈母手中线，游子身上衣”“古来痴心父母多，孝顺儿孙谁见了”等诗歌都是歌颂父母对孩子深情厚意的。孩子从一出生，父母就尽力呵护，唯恐将来有不测发生，唯恐孩子不能适应复杂的社会；千叮咛万嘱咐，唯恐有嘱咐不到的地方。父母总是千方百计为下一辈着想，等儿孙长大成人了，却又不能守在身边，抑或是自己已经积劳成疾，卧床不起。儿孙是否成才与父母的呵护无关，但与父母的教育有关。花朵的鲜艳是因为浇灌，而不是因为放在温室里；竹子的挺拔只有在风中才会更显得峻峭。斜枝可以去掉，根歪可以扶正，但没有斧凿、桩立的痕迹，只是一味的施肥，再多的营养也结不了丰硕的果实。

父母对孩子不管是严教还是溺爱，都是出于一片爱子之心，即使父母有错，也只是方式不对，做子女的在劝诫父母时，要注意口气、语态，切勿直顶父母。“天下无不是的父母”，父母对子女严厉，子女即使一时接受不了，事后想起也会对父母感激。世界上最亲的是父母，最难得的是兄弟。“打仗亲兄弟，上阵父子兵”，兄弟如手足，筋骨相连，兄弟之血浓于水，应当珍惜。可叹世间多少人为了财产兄弟反目，甚至自相残杀。这样的人连兄弟之情都不顾及，更何况与他人相处？当一个人与别人产生矛盾的时候，不妨劝别人做一些需要与别人合作才能完成的事，体味一下与别人通力合作的乐趣，感悟一下帮助别人的快乐和被别人帮助的欣慰，就能懂得与人相处忍让为先、以和为贵的意义。

但行好事[1]，莫问前程[2]。不交僧道[3]，便是好人。

【注释】

[1] 但：只管。行：做。

[2] 莫：不要。前程：前途，结果。

[3] 交：交往，结交。

【译文】

只管去做好事，不要计较前途如何。不同和尚、道士交朋友，就表明他是个好人。

【赏析】

行善莫求回报，这是道德上对人们行善的一贯要求。怀着一颗感恩的心生活，以德报怨，则社会一片美好清明；若睚眦必报，施恩求报，则社会风气一片污浊。人心怀鬼胎，互相算计，道德败坏，就会影响社会的发展和进步；若人人向善，不计回报，社会就会形成一种互助互爱的良好风尚，则会极大地推动社会的进步，尤其是在信息化社会的今天，行善莫求报更为重要。

行善莫求回报用经济学观点来分析，其实是可以获得更大利益的，因为在信息化的时代，人与人之间的联系更加紧密，信息的传播速度也会越来越快，你的善举会很快地传播开来，从而引来更多的合作机会。若一次欺骗或带有功利性目的的行善传播开来，就会丧失许多的合作机会。行善莫求回报既符合社会道德标准，又符合经济学的利益观。为什么不去行善呢？要知道，善终有善因，行得善缘，必有善果。一个人一生积德行善，不问前程也是前程似锦；一个人一生无德无行，偶或行善，必求回报，那么即使处于危难之间也必无人相助。

至于“莫交僧道”，大概是因为古时僧道多被人认为是不务正业、整日云游，没有家庭和社会责任感所致。与僧道结交，便会受无为思想所制，从而无心功名，不第科举。这在“学而优则仕”的社会里，让很多家长不满意。

河狭水激[1]，人急计生。明知山有虎，莫向虎山行。路不铲不平，事不为不成[2]，人不劝不善，钟不敲不鸣[3]。

【注释】

[1] 狭：狭窄。激：湍急。

[2] 铲：铲修。为：做。

[3] 劝：劝导。

【译文】

河道变窄水流就湍急，人在紧急关头就会想出对策。明知道山中有虎，就不要向有虎的山中行进。道路不铲修就不平坦，事情不去做就不成功，人不劝导就不善良，钟不敲击就不鸣响。

【赏析】

人在紧急的关头，往往能够激发出自己的潜能，做出平时做不到的事情。因为情急之时，思维会高度集中，大脑会高速运转，迅速调动起自己的各种知识储备，以应付突来的变故。因此每个人都不要低估自己的能力，没有做不到的事情，只是许多时候我们都处于松懈状态，不能像紧急时那样快速调动大脑的各个细胞罢了。

“明知山有虎，莫向虎山行”，面对危险何必非要只身涉险？明知道有危险，采用一定的技巧避开岂不是更好？偏偏要去做那闯虎山的莽夫，侥幸逃得性命，也是莽夫一个；若不幸没有逃过，就白白丧失了性命。为何不用智慧，绕山而行，或者是干脆不行呢？放弃该放弃的，有时候也是一种智慧。

“路不行不到，事不为不成。人不劝不善，钟不敲不鸣”说的是事情只有亲自做了，才会见成效。“纸上来得终觉浅，须知此事要躬行”，实践是最重要的。马克思主义哲学认为，实践是认识的根本目的和最终归宿，也是认识的来源。路只有自己走了，才知道是否崎岖；河只有自己蹚了，才知道深浅。纸上谈兵是毫无意义的，教人以善，要对其谆谆教诲。“若闻琴上有琴声，放在匣中何不鸣。若言声在指头上，何不于君指上听”。

琴必须用手弹奏才会有美妙的音乐涌出，每个人的人生也只有自己亲自弹奏，才能上演华丽的乐章。每一刻都努力的向目标迈进，每一天都在希望的路上奔走，人生时时刻刻都会唱响精彩的命运之歌。但若整日只知夸夸其谈，向往远方的路却从不迈开前进的脚，也只能是个喜欢做白日梦的妄想者罢了。

无钱方断酒[1]，临老始看经[2]。点塔七层，不如暗处一灯。堂上二老是活佛[3]，何用灵山朝世尊[4]。万事劝人休瞒昧[5]，举头三尺有神明[6]。但存方寸土[7]，留与子孙耕。

【注释】

[1] 方：才。

[2] 始：开始。

[3] 二老：指父母双亲。灵山：传说佛祖居住的地方。

[4] 世尊：即佛祖，佛教名词。教徒对于释迦牟尼的尊称。

[5] 瞒昧：欺瞒，隐瞒。

[6] 神明：神灵，神的总称。

[7] 方寸土：指一片善良的心。

【译文】

有些人觉悟太晚，没有钱了才不喝酒，到了老年才读佛经。在七层高塔上点灯，不如在暗处点一盏灯对人更有益。家里的父母就是活佛，何必到灵山去朝拜佛祖呢！奉劝世人对任何事不要隐瞒，抬头三尺就有神明在监视。只存下一片善良的心，留给子孙去继承吧。

【赏析】

对做错的事情悔悟得晚没关系，因为悔悟总比没有悔悟强。太多的人直到弥留之际依然执迷不悟，带着糊涂和疑虑走完了人生之路。无钱方断酒，也强于那赊酒买醉之人；临老始看经，亦强于那老死不读经之辈。

“点塔七层，不如暗处一灯”，给佛塔七盏亮灯，倒不如在别人危难之间给人以帮助，给在黑暗中行走的人指引一条明路，帮助一个人比给佛烧香更可贵。“救人一命，胜造七级浮屠”，即使是造七层宝塔，也比不上挽救一个人的性命所积的功德。

如果有向佛之心，不必在乎形式非去寻佛求圣，而置堂上二老不顾。

任何人的一举一动，都瞒不过神明的眼睛，做事是否真心，向佛是否有诚，自己的良心最清楚。可以欺瞒别人，却瞒不过上天。以升仙之心求道未必成仙，以成佛之心求佛未必成佛。任何事情若不是出于真情，而是带着某种功利色彩，便失去了做事的纯真。行善求回报，无报便怨恨；闲谈常论人非，总是别人的不对。自己做一点事便觉得有了莫大的功劳，要求得到不合理的报酬，若是没有报酬，便歇斯底里，不罢不休，这样就成了小人，永远也得不到心灵的安宁。为什么不留下一片心灵的净土让子孙去继承？父母的言行直接影响着孩子，“子不教，父之过”，其实是“子不教，父不贤”，贤德之家必定出孝子贤孙。反之，忤逆之子往往出自败德之家。

灭却心头火[1]，剔起佛前灯[2]。惺惺常不足[3]，懞懞作公卿[4]。众星朗朗[5]，不如孤月独明。兄弟相害[6]，不如友生[7]。

【注释】

[1] 心头火：心头欲望之火。

[2] 剔：挑。

[3] 惺惺：聪慧的人。

[4] 懞懞：糊涂的人。

[5] 朗朗：形容明亮。

[6] 相害：伤害，相互残害。

[7] 友生：朋友。

【译文】

灭掉心头的欲火，剔亮佛前的明灯。绝顶聪明的人常常得不到施展才能的机会，昏庸愚蠢之辈却经常做了朝廷高官。群星闪闪发光，不如一个月亮那么明亮。兄弟互相伤害，不如朋友互相帮助。

【赏析】

怒火燃烧别人，也燃烧自己，怒火是一把双刃剑，砍伤别人的同时，

自己也会遍体鳞伤。怒从心生，恶从胆起。愤怒是因为受到了屈辱或感到了不公而引起的心理失衡，心理失衡应该调节，而不是发泄。金庸《倚天屠龙记》中有一种拳法叫“七伤拳”，每一拳都威力巨大，但每用一次，自己的内脏便受伤一次，将七伤拳用到极致，自己也会受伤而亡。愤怒就如同这“七伤拳”，每发一次火除了身体受损，往往还会在发火之后，因情绪的失控而产生无尽的懊悔。莫不如当心理失衡之时，读一读佛经。佛门弟子修行都能做到“无故加之而不怒”，所以长寿的高僧为多，传说唐代慧昭活到了二百九十多岁。

人间本就有太多不平等，全部公允、事事公平，那不过是一个乌托邦罢了。有才能的人往往怀才不遇，庸碌之辈却能封侯拜将，的确让人感到不平衡，但社会之复杂不能以人心来衡量。司马衷是个白痴，但他偏偏就是皇上；屈原一代贤才，却每每遭贬不得重用。靳尚之辈勾结张仪，迷惑楚王，屈原只好愤而为歌“众人皆醉我独醒”。是呀，屈原的光辉万丈长闪烁在历史的天空，仿佛一轮皎皎明月，即使星光再灿烂，又岂明过月华的光芒？虽然是孤月，却能照亮夜空，远胜于那只有微光，幽幽的小星。历史上被千古传诵的名人总要强于那些在朝廷苟且营生，被历史的尘埃而湮灭的芸芸众臣。

兄弟有手足之情，是一奶同胞，兄弟若不念情谊，互相残害，还不如好朋友。朋友之间虽没血缘关系，但却因志趣相投而在一起。而兄弟之间，血浓于水，却反目成仇，如此做兄弟有何益？倒不如萍水相逢的陌路人，虽不至于成为朋友，但亦不会成为仇敌。

合理可作[1]，小利莫争[2]。牡丹花好空入目[3]，枣花虽小结实成[4]。欺老莫欺少，欺少心不明。随分耕锄收地利[5]，他时饱暖谢苍天[6]。

【注释】

［1］合理：顺乎情理。

［2］小利：微薄的利益。

［3］空：空洞，不实际。入目：观赏，观看。

［4］结实成：结成果实。

［5］随分：根据时节。地利：庄稼粮食。

［6］他时：收获的时候。

【译文】

合乎情理的事就可以去做，蝇头微利不要去争。牡丹花开得艳丽却只供人观赏，枣树的花虽小却能结成果实。即使可以欺负老人也不可以欺负少年人，欺负少年人心地不光明正大。按照节令耕作农田发挥地利，收获时能得到温饱还要靠老天保佑。

【赏析】

事情只要符合情理就去做，不要在意别人的眼光。大胆实践，不要前怕狼、后怕虎，为一点蝇头微利而有所顾忌，使自己在犹豫中错失良机。勇敢果断地做事是一种魄力。

“牡丹花好空入目，枣花虽小结实成”说的是莫求虚名、应以务实为重。越是真实的东西，越饱满而精致；越是虚华的东西，越像泡沫一样，外表色彩斑澜，腹内却空空如也。真正的有钱人从不炫耀，炫耀之人未必真的有钱，家财万贯弄得满城风雨，这不是自招盗贼吗?

老人可以欺骗，因为老人你欺骗他一次，他就看透了你的人品，不再与你来往。但少年不可存心欺骗，少年尚未入世，欺骗无知少年容易让他对社会产生悲观情绪，认为社会原本就是互相欺骗的社会，要么就消极悲观反对入世，要么就积极入世，也做一个骗人奸徒。欺骗别人不但昧了自己的良心，对社会也造成很不利的影响。一旦你的欺骗行径被揭发，在社会上广为传播，那么你将成为过街老鼠、无从立足。

做人应随遇而安，有田、有地、有吃、有喝，维持生存不过如此，有饱暖之日即好，何必苦苦追求那些虚华之屋？死时不过三尺地，何必生时万丈楼？只要快乐而健康地生存着，就应该感谢苍天了。

得忍且忍[1]，得耐且耐。不忍不耐，小事成大。相论逞英豪[2]，家计渐渐消[3]。贤妇令夫贵[4]，恶妇令夫败[5]。

【注释】

[1] 得：能，能够。且：就。

[2] 逞：炫耀，显示。

[3] 家计：家产，钱财。

[4] 贤妇：贤良淑德的妻子。令：能够，让。

[5] 恶妇：缺乏道德修养的妻子。

【译文】

能忍就忍，能耐就耐。如果不忍耐，小事就会酿成大祸。如果同别人争强比富，家产必然逐渐败坏掉。贤惠的妻子能帮助丈夫成功，缺德的妻子会使丈夫失败。

【赏析】

“万事忍为高”，为一时之气大动干戈，两败俱伤则与禽兽无异。森林中，两兽相斗为一口食，将彼此厮咬得鲜血淋漓。人是有思想的动物，能顾全大局、动心忍性。忍耐是一个人修养的体现，也是一个人能力的体现。

古来成大事者，皆是能忍之人，决不是逞一时英雄的莽撞之辈。韩信甘受胯下之辱终成一代不朽名将。若在关键时刻不能忍耐，不但对自己不利，反而会影响整个大局。刘备与曹操青梅煮酒论英雄，刘备却不敢暴露自己雄心壮志，否则可能立马成了刀下之鬼，估计也不会有以后的昭烈皇帝。所以该忍时当忍，方是大英雄本色，“小事不忍，则乱大谋”自古如是。

一个贤良的妻子能使家业兴旺，这就是所谓的旺夫之命。若妻子不贤，不但家财败尽，自己也受尽折磨，《红楼梦》里薛蟠娶得夏金桂，苦不堪言，给他们家带来了无尽的灾难。所以妻子贤德，对家庭的兴衰有很大的作用。

一人有庆[1]，兆民咸赖[2]。人老心不老，人穷志不穷[3]。人无千日好，花无百日红[4]。杀人可恕[5]，情理难容[6]。

【注释】

[1] 庆：指喜庆或值得庆贺的事。

[2] 兆民：指众多的人。咸：都。赖：依赖，沾光。

[3] 志：志气。穷：第一个“穷”为穷困，第二个“穷”是短的意思。

[4] 红：花开放的颜色，这里指盛开。

[5] 恕：宽恕，饶恕。

[6] 容：宽容，原谅。

【译文】

掌权者一个人有了值得庆贺的事，亿万人民都会从中得到好处。人的年纪老了思想不应当老，人生活贫穷但志气却不应贫穷。人不可能千日都好，花不可能百天都红。杀人的罪过可以原谅，但违背人情事理不能宽容。

【赏析】

“穷则独善其身，达则兼济天下”，这是君子们的志向。一个人如果把握着大权，那么如果自己有了值得庆贺的事，老百姓则一定也可以沾光。在古代，尤其是封建社会里，人们往往看重权力，权力光芒万丈，魅力四射。如果人民的统治者能够兼济天下，或者一位领导者的成功能够给更多的人带来好处，那这将是人们的福分。

对于一个人来说，健康才是最重要的。无论他贫穷还是富贵，无论是青春年少，还是白发苍苍，健康的心态最为重要。年纪虽大，但壮心不已，依然像夕阳一样，放出最后的光和热，形成一道最美的风景。人处贫困，落魄无聊，也应该依然保持着昂扬的斗志，即使一切都可能改变，即使一切都可以过去，我们也应该用豁达的胸襟来迎接每一个明天。

乍富不知新受用[1]，乍贫难改旧家风。座上常客满，杯中酒不空。屋漏更遭连夜雨[2]，行船又遇打头风[3]。

【注释】

[1] 乍：突然。受用：享用。

[2] 更：恰巧，又。

[3] 打头风：逆风。

【译文】

刚刚由穷变富还不会享受，刚刚由富变穷还改不掉挥霍浪费的旧家风。席上客人经常满座，杯中美酒总也不空。屋顶漏了又遇上连夜大雨，船正航行却遇上迎面大风。

【赏析】

一个人的习惯和行为方式都是在长期的生活过程中形成的，它已成了一种思维方式，朝夕难以改变。一个人长期处于贫困的生活状态下，如果让他一下子进入富有的生活状态和社交环境，那么他肯定会变得束手无策，不知如何应变，如同《红楼梦》中的刘姥姥初进大观园一样，不知东南西北，闹出了不少的笑话。

而一个人过惯了富贵生活，骤然间富贵如烟云般散去，从青云之巅坠到十八层地狱，过那种朝不保夕、贫困无味的生活，那么他一定也是难以适应的。但转变也并非不可能，它需要一个过程，不管身体和心理都有一个适应期，认清自己的处境，转变自己的心态，改变生活习惯和交际方式。其实，最重要的是心态的改变，因为人生际遇瞬息万变，不如意的事情更是会经常遇到，“屋漏更遭连夜雨，行船又遇打头风”，老天爷更喜欢这样做，把灾祸重复地加在某一个人身上，只要你面不改色地应对，转变好自己的心态，是没有克服不了的困难的。

笋因落箨方成竹[1]，鱼为奔波始化龙[2]。曾记少年骑竹马[3]，看看又是白头翁[4]。

【注释】

[1] 箨：指竹笋外面一层一层的皮。

[2] 为：因为，由于。

[3] 竹马：儿童当马骑的竹竿。

[4] 白头翁：指白发苍苍的老人。

【译文】

笋由于外皮脱落才长成竹子，鱼由于推涛逐浪才变成蛟龙。还记得少年时骑竹马游戏的情景，转眼间一看已是白发苍苍的老人。

【赏析】

天地万物，每种生物的成长都是要付出代价的。笋只有把箨落了才能成为竹子，鱼经过千辛万苦的推涛逐浪才能化为蛟龙。你不可能既拥有朝霞又拥有夕阳，既拥有白云又拥有雨景。人也是一样，你如果想在事业上获得更大的发展，就要舍得下一番苦功，要有百折不挠的精神。站在高峰之巅，远望海天相接，旭日从中升起，俯视群山矮小，顿觉一种豪气在胸，这种情感，是因为你经历了辛苦的攀登才体会到的。

“逝者如斯”，孔子把时光比作流水一去不复返而叹息，时光岁月确实给我们带来了许多惊喜，也带来了许多伤感。幼儿出生，在喜悦和盼望中逐渐长大，身体一天天强壮，头脑一天天聪明，喜中之喜是你我相识在少年；伤中伤是时光使我们面临各种机会和选择，我们从此各奔前程，等再相见时，我们已是白头老翁了。更令人感伤的是，人却总是不能把握住自己不过百年的生命，以致在蹉跎中浪费自己的时间，不知道珍惜，不知道充实，不能好好生活，让自己的生命发光发热，最后而遗恨终身。

礼义生于富足[1]，盗贼生于赌博[2]。天上众星皆拱北[3]，世间无水不流东[4]。君子安贫，达人知命[5]。

【注释】

[1] 礼义：崇礼，行义等道德规范。

[2] 赌博：拿钱作赌注比输赢。

[3] 拱北：谓众星围绕北极星。

[4] 流东：往东流入大海。

[5] 达人：指通达道理的人。知：知道。命：命运。

【译文】

礼义是从富足生活中形成的，盗贼往往是由于赌博才走上犯罪道路。天上的群星都朝向北斗星，地上没有一条江河不向东流。高尚的君子安于贫困的生活，通达道理的人听凭命运安排。

【赏析】

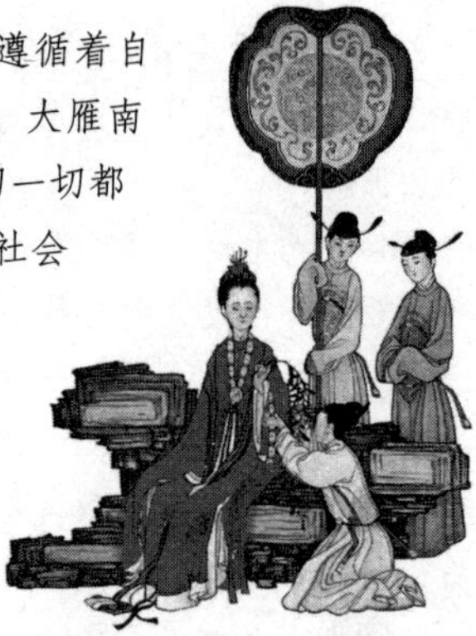

天地万物之所以运行有序，是因为它们都遵循着自己运行的规律。太阳东升西落，草木春长秋枯，大雁南来北往，蚂蚁储粮过冬，蛙蛇冬季蛰伏……一切一切都有序而不悖。自然界有自然界的法则，社会有社会的法则。人类社会必须适应时代的发展，遵循应遵循的法则才能健康发展。在人类还处于茹毛饮血的时代，人类的温饱、生存都成问题，怎么也不会去研究道义与礼法，为了存活，甚至把其他的部落当成异类而残杀。直到后来人类的生存环境得到了很大的改善，廉耻、道义、礼节才逐渐形成并发展，这其实与人类的发展是同步的，是一个漫长的过程。这也是经济基础与上层建筑的问题，只有经济基础牢固了，上层建筑才会稳定、坚固，人类只有生存有了保障，才能有精力去思考更深奥的问题。

但是，特例也是存在的，自古偏偏就有这样一些人，他们本身物质条件很差，生活的条件很艰苦，但他们更想了解比财富更宝贵的知识，对道义、礼节比那些富贵之人有更高的追求，因此他们懂得更多的人生和社会的哲理，他们是人类中的佼佼者。

良药苦口利于病[1]，忠言逆耳利于行[2]。顺天者存[3]，逆天者亡[4]。人为财死，鸟为食亡。夫妻相和好，琴瑟与笙簧[5]。

【注释】

[1] 良药：有治疗效果的药物。利于病：有利于疾病的治疗。

[2] 逆耳：刺耳。

[3] 顺：顺应，顺从。

[4] 逆：违背。

[5] 琴瑟：乐器。琴和瑟一起合奏，声音和谐，常以此比喻夫妻感情融洽。瑟：一种弦乐器，有的有二十五根弦，有的有十六根弦。笙：一种管乐器。簧：乐器中发声的薄片。

【译文】

有效的药物吃着很苦却有利于治病，批评的话语听着刺耳却有利于做人。顺从天意的才能存在，违背天意的必然灭亡。人为钱财而死，鸟为食物而亡。夫妻之间亲密和睦，如同琴瑟笙簧和谐弹奏一样。

【赏析】

万物若要生存，必须要遵循自然界的规律：太阳东升西落，鸟儿日出夜归；春秋交替，大雁春来秋往；一切一切的活动都是为了生存而顺应自然。“无根无形，道法自然”，作为宇宙之灵的人类更应懂得顺应自然，效法自然、顺应时代的道理。“当局者迷，旁观者清”，人类往往在争夺眼前利益的时候，忽略了自己的处境，在不知不觉中脱离了规律的轨道，若不及早回头，必将遭到上天严厉的惩罚。贪欲，是一个人遭灾的根源。一个人为了满足自己的贪欲，不停地掠夺着本来有限的资源，并不断地为之而发动战争，造成了无数的生灵涂炭，导致了资源匮乏，使人类生存的环境进一步遭到破坏，在挖掘大自然财富的时候也是在给自己挖掘坟墓。

但是，“亡羊补牢，为时未晚”，现在人类已经认识到了自己的错误并在努力改正着。其实，人类要想挽救自己、挽救自然，最重要的是一个“和”字，只要人与自然、人与社会、人与人之间能够遵循规律、和谐相处，就能拯救自然、拯救社会、拯救人类。“和”在我国古代就一直被提倡着，“和气生财”“和为贵”“家和万事兴”等，都是我们的老祖先留给我们的经验。生活在当代的我们，应该重新拾起这些曾被我们抛弃的法宝，让其发挥出巨大的威力来改造我们的世界。

有儿穷不久，无子富不长。善必寿考[1]，恶必早亡[2]。爽口食多偏作病[3]，快心事过恐生殃[4]。富贵定要依本分，贫穷不必再思量。

【注释】

[1] 善：善良，做善事。寿考：长寿。

[2] 恶：为非作歹，做坏事。

[3] 爽口：可口的食物。

[4] 殃：祸殃。

【译文】

有儿子不会长久穷下去，没有儿子富贵也不会长。好人一定长寿，恶人一定早死。可口的食物吃多了反会得病，高兴的事情过去恐怕灾祸要临头。富贵之后一定要守本分，贫穷之后不要胡思乱想。

【赏析】

富贵、贫穷永远是人们谈论的话题。富贵是每个人都追求的，长久地保持富贵更是人们所希望的。事实上，无论是由穷变富也好，长久保持富贵也好，关键在人，无论男孩还是女孩，都是家庭兴旺的希望所在。

另外，节制也是持盈保泰的方法。身处富贵之中，不要太骄奢淫逸，做事不要太满。即使是美味佳肴，吃多了也会不觉味美。为富不仁，必将遭到报应。得意之事、快乐之事切要小心，因为那事情过后恐怕将有灾祸找上门来。这是懂得养生之道的人所深深忌讳的。一个人如果为了富贵而贪得无厌，他的精神也必将被物欲所役使，精神也由此变得空虚，在花花世界中迷失，即使高尚的节操也被物化，成了物质的奴隶，所以，人最宝贵的是精神，无论贫与富，都不要迷失自己的本性。

画水无风空作浪[1]，绣花虽好不闻香。贪他一斗米[2]，失却半年粮；争他一脚豚[3]，反失一肘羊[4]。龙归晚洞云犹湿，麝过春山草木香[5]。

【注释】

[1] 画水：画中的水。

[2] 斗：容量单位，十升为一斗。

[3] 脚豚：猪蹄。豚，小猪。

[4] 肘羊：羊腿。

[5] 麝：一种像鹿的动物。雄麝腺囊的分泌物称麝香，有特殊的香味。

【译文】

画上的水没有风却兴起波浪，绣出的花虽然好看却没香味。贪图夺得别人一斗米，结果失掉了自己吃用半年的粮食；为了和别人争一只猪脚，反而失掉了半边羊。龙在晚上返回洞里云还是湿的，麝跃过春天的山，草木都带香气。

【赏析】

我们往往只看到世上之人的表面，很少真正地深入其内心了解。一些人表面看来人模人样，讲起话来夸夸其谈，实际上却不学无术，胸中没一点儿墨水，只是如同绣花枕头一样，“生得一副好皮囊，腹中原是草莽”。这种人是很难经得起时间和实践的检验的，只有脚踏实地地学习和工作，才会有所收获，而且，这样收获的果实品尝起来也更心安理得、更香甜。

如果一个人贪图小利，往往会被利益迷住双眼，妄想空中摘月，不扎扎实实地努力，这样往往不仅失去许多天赐的良机，而且吃大亏的事情也会发生的。贪图小利之人，只顾自己个人利益，没有什么高远的目标，心中也不会想着他人，想着民族、国家，这种人是不能成就什么伟业的。大公无私，心系他人，在世为人楷模，死后流芳千古之人，才能让后人怀念。正如俗语所云：“雁过留声，人过留名。”

平生只会说人短[1]，何不回头把已量[2]。见善如不及[3]，见恶如探汤[4]。人穷志短，马瘦毛长。

【注释】

[1] 门短：短处，缺点。

[2] 量：思量，打量。

[3] 及：达到，做到。

[4] 汤：热水，沸水。

【译文】

一生只会议论别人的缺点，为什么不回头看看自己的毛病。见到好人好事唯恐自己做不到，见到坏人坏事像手伸进沸水赶快躲开。人穷志气就不足了，马瘦毛发就显得长了。

【赏析】

错误是每个人都不可避免的，这是客观存在的事实。由于人具有意识，具有主观的能动性，所以说人类在对待错误的态度上有很大的不同。尤其是在自己犯错还是别人犯错的态度上，有着完全不同的差别。对自己的过错，往往是视而不见和宽容；对别人的过错则过于认真苛刻，这种做法其实是完全错误的。对待别人所犯的错误，应设身处地地为他人着想，心存宽容，耐心劝导，但要切忌责之过严，否则将会导致对方心生怨恨，那也违背劝人的初衷了。而对自己所犯的错误，则力求严谨，这样无论对自己的道德修养还是成长进步都是大有裨益的。

是非分明，明辨善恶这自然是好的，但更重要的是能够见贤思齐。看见善举，考量自己与之相差多少，见到恶行，要躲避唯恐之不及。

穷困是阻碍人发展的一个重要因素。因为贫穷，老想尽快摆脱贫穷，就不考虑长远，只顾眼前利益，或者失去了远大理想和目标，只着眼面前的蝇头微利，以至最终成为了一个庸庸碌碌之人。

自家心里急，他人不知忙。贫无达士将金赠[1]，病有高人说药方[2]。触来莫与竞[3]，事过心清凉[4]。

【注释】

[1] 达士：豁达仗义的人。

[2] 高人：好心人。

[3] 竞：争竞，争吵、争执。

[4] 清凉：清新舒畅。

【译文】

自己遇事心里焦急，别人照样不慌不忙。贫穷时没有好心人赠送金钱，患病时却有能人告诉药方。有人触犯了你，不要与他争竞，事情过去了你的心情就舒畅了。

【赏析】

痛，只有自己的心里知道，那种钻心透骨的感觉，是别人无法体会和理解的。本来是平静的家庭，突然发生了事情，自己马上会变得手足无措，慌乱不安；而探头看邻居，正不紧不慢地坐在树荫下，喝着茶水。再看对门，几个人围在一起说着笑着。你的困难和着急是不会得到别人的同情的。自己的事不要老指望着别人来帮助，在你穷困之时是不会有人拿着钱财主动来拜访你的，只有依靠自己的脑袋和双手，想办法，勤快些，这样才能解决困难，度过眼前的难关。不过，当你在患病之时，正在为如何治疗而苦恼的时候，偏偏有人来告诉你治病的良方。更多的时候，别人的帮助往往是有前提的，自己找出路才是最好的办法。

人总有触犯别人的时候，也总会有被别人触犯的时候，遇到这类事情时，无论谁对谁错，都要保持冷静的头脑，千万不要在火头上与他人争执，以免会使危险升级，造成更大的损失。等事情平息后，心情自然就十分畅快了。

秋至满山多秀色[1]，春来无处不花香[2]。凡人不可貌相[3]，海水不可斗量[4]。

【注释】

[1] 秋至：到了秋天。

[2] 春来：春天来临。

[3] 貌相：从长相上去判断、评判。

[4] 量：衡量。

【译文】

秋天到了满山一片美色，春天来临到处一片花香。对所有的人都不能只凭相貌去判断，大海的水不能用升斗来衡量。

【赏析】

一年分春、夏、秋、冬四季，每个季节都是不同的，每个季节都有各自的特色和风韵。在春天，和风吹拂下，树木发芽，百花齐放，冰雪消融，大雁南归，一副欣欣向荣的景象。在秋天，秋风萧瑟、百花凋谢、树叶飘零、果实累累。大自然毕竟是大自然，与人是不同的，大自然毫无保留地把自己本来的面目呈现给世人，没有一点修饰，没有一点遮掩，而人却恰恰相反。

一个人的才华往往是蕴藉于胸的，秀外慧中的人固然是好，但更多的人是不能兼有的，许许多多其貌不扬的人也许正是超凡绝尘的高人。所以，我们无论是看人还是看事，都不要只看其表面，被其假象所迷惑。

对一个人的了解，是经过长时间的接触，甚至是经过时间和考验才能充分把握的。没有充分地了解，只看其表面，一方面使自己看人如同戴了一副有色眼镜，看不到别人的优缺点；另一方面可能造成善恶不分而上当受骗。

清清之水为土所防[1]，济济之士为酒所伤[2]。蒿草之下还有兰香，茅茨之屋或有侯王[3]。无限朱门生饿殍[4]，几多白屋出公卿[5]。

【注释】

[1] 防：拦挡。

[2] 济济：形容人多。

[3] 茅茨：茅草。

[4] 朱门：用朱红色漆漆成的大门，泛指豪门贵族。饿殍：饿死的人。

[5] 白屋：用茅草覆盖的屋，指贫穷人家。

【译文】

清清的水被土堤拦挡，众多有才学的人被酒伤身。蒿草的下面可能有芳香的兰花，茅屋的里面也许将出个王侯。有多少豪门子弟后来成了饿死鬼，有多少平民百姓家中培养出高官。

【赏析】

清清的河水之所以能静静地流淌，是因为有堤岸对它的制约。有所节制才能使事物顺利地发展。古往今来，天下多少豪杰与仁人志士，他们在自己的人生之路上挥洒汗水，披荆斩棘，创造了辉煌，他们是天地中的英雄。提到英雄，人们就会想起酒，英雄失去酒，如同画中无山，缺乏雄壮豪迈之气，酒壮英雄胆，如曹操对酒当歌、武松酒后打老虎，等等。但如果饮酒过度，不但会伤身体，也会导致事情失败，致使一世功名付诸流水。张飞就是其中的一例。

事物没有永恒不变的，它总是从一方面转变为另

一方面，生活中不尽如人意之事总是难免的。但暂时的际遇并不能决定人生的命运。贫穷有贫穷的命运，富贵也有富贵的不幸。贫穷之人，天生就受到上天的磨炼，没有负担，失去很少，都是得到。而富贵者，在具有财富优势的同时，也背上了一个沉重的包袱，两者赛跑，优劣一看便知。社会是最好的大学，困乏和需求是最好的教科书。能力是人成功的最重要的因素，而能力最终通过在与艰难挫败的对抗中获得，这是富家子弟所不能相比的。白屋出公卿，朱门生饿殍也是很正常的。

醉后乾坤大[1]，壶中日月长[2]。万事皆已定，浮生空自忙[3]。千里送毫毛[4]，礼轻仁义重。世事明如镜，前程暗似漆[5]。

【注释】

[1] 乾坤：指天地。

[2] 日月：指时间。长：漫长。

[3] 浮生：虚浮无定的人生。

[4] 毫毛：长而尖细的毛，比喻极细小的事物。

[5] 漆：黑漆。

【译文】

喝醉以后觉得世界比平时广大，喝酒时感觉时间都很漫长。一切事物都是命中注定的，人们却一生奔波空忙一场。不远千里送一根毫毛，礼物虽轻情义却重。世上的事像镜子一样清楚，只是自己的前途一片漆黑。

【赏析】

酒，被人称为穿肠毒药，饮酒可以导致神经紊乱，甚至酒精中毒以致死亡。有人酒后失言，有人酒后失德，有人酒后误事，以致贻误终身。但适量饮酒对保养身体和愉悦精神也是很有好处的，半醉之时登山远眺，万里山河尽在眼底，胸中顿生豪迈之气，忧愁烦闷被一抛而去。这时才觉得天地是如此的广大，时间

是如此地长远。我们又何必在意那些烦心小事呢？何必让它们长期藏在我们心中，让我们不得敞开胸怀，笑看人生呢？过去人们认为人的一生、人的命运都是定数，都是上天已经安排好了的，富贵也罢，穷困也罢，我们都是无法改变的。事实上，我们即使无从与天相争，也不应默默地承受，不甘命运，努力改变，到头来就算什么也没有得到，只是空忙了一场，这种不屈服于命运的精神还是可嘉的。有时精神远远高于物质，比如情谊深厚，千里之外哪怕送去再细小的礼物也可以体会到情义是如此沉重。

世上之事，我们都如看镜子一样看得清清楚楚，但是回首自身，不知自己身居何处，从何来，要到何去，现在正在忙什么，将来要忙什么，这也是一种郁闷的悲哀。

架上碗儿轮流转，媳妇自有做婆时[1]。人生一世，如驹过隙[2]。良田万顷，日食一升；大厦千间，夜眠八尺。千经万典，孝悌为先。

【注释】

[1] 架：指橱柜。

[2] 如驹过隙：像小白马在细小的缝隙前一闪而过一样。这里形容时间过得很快。

【译文】

橱柜里的饭碗轮流替换，今日的媳妇早晚会当婆婆。人生一辈子，如马驹跃过裂缝一样快。有万顷良田的人，每天不过吃一升米；有大厦千间的人，每晚也不过睡在八尺长的地方。千万种经典讲的道理，孝顺父母、友爱兄弟是第一条。

【赏析】

家庭是人生活的一个重要组成部分，是人伦的集中体现之处。人伦之事是很难预料的，但它依然有内在的规律可循，我们只有掌握了其中的规

律，才能在处理家庭事务上得心应手。架上的碗是没有固定位置的，它们总是不断地轮换，再年轻的媳妇也总有当婆婆的那一天。

时光匆匆，如白驹过隙。在这有限而短暂的生命中，我们在为何而忙，我们在追求什么？以至我们每日是如此殚精竭虑忙忙碌碌，为名耶？为利耶？为情耶？即使你拥有着万顷良田，家中仓禀充实，牛羊满圈，你肚子再大，每天也不过吃一斤米、一斤肉而已；即使你有大厦千间之多，每天晚上你也就占八尺长的地方睡觉。人生享用如此之少，而贪念却如此之大，妄图占有天下所有财富，但过多的占有只能给你带来更多的负担，使你背上沉重的包袱，使你一生受累。

一字入公门[1]，九牛拔不出[2]。八字衙门向南开，有理无钱莫进来。富从升合起[3]，贫因不算来[4]。

【注释】

[1] 一字：指很微小的事情。

[2] 公门：衙门。

[3] 合：容量单位。十合为一升。

[4] 算：打算，筹算。

【译文】

哪怕因为小事被送进官府，九条牛也拖不出来。八字形的衙门口朝向南方，有理没钱的人别想进来。财富是从一升一合米积蓄起来的，贫穷是由于不会算计造成的。

【赏析】

官司是每个人都避之不及的，因为官司之祸甚于猛虎，一旦惹上很可能会倾家荡产，或受牢狱之灾。即使为官清廉，在迷离的案件面前，也未必能明察秋毫，明辨是非。冤案、错案也层出不穷，百姓不仅受皮肉之苦，更耽误了许多宝贵的时间。这种既误时又误事的官司老百姓是不愿意打的。

灵魂有香气的女子

陈雅雯◎著

江西美术出版社
JIANGXI FINE ARTS PUBLISHING HOUSE

图书在版编目（CIP）数据

灵魂有香气的女子 / 陈雅雯著 . -- 南昌：江西美术出版社，2017.5（2019.10 重印）

ISBN 978-7-5480-4343-0

Ⅰ . ①灵… Ⅱ . ①陈… Ⅲ . ①女性－名人－生平事迹－中国－现代 Ⅳ . ① K828.5

中国版本图书馆 CIP 数据核字（2017）第 033259 号

出 品 人：周建森
企　　划：北京江美长风文化传播有限公司
策　　划：北京兴盛乐书刊发行有限责任公司
责任编辑：王国栋　朱鲁巍　康紫苏
版式设计：刘　艳
责任印制：谭　勋

灵魂有香气的女子

作　　者：陈雅雯

出　　版：江西美术出版社
社　　址：南昌市子安路 66 号江美大厦
网　　址：http：//www.jxfinearts.com
电子信箱：jxms@jxfinearts.com
电　　话：010-82093808　　0791-86566124
邮　　编：330025
经　　销：全国新华书店
印　　刷：北京柯蓝博泰印务有限公司
版　　次：2017 年 5 月第 1 版
印　　次：2019 年 10 月第 3 次印刷
开　　本：880mm × 1280mm　1/32
印　　张：7
ISBN 978-7-5480-4343-0
定　　价：26.80 元